JN093622

仕事でSNSを使いたいけど初心者の「やらかし」が怖いので弁護士さんに気になること全部質問してみた

イラストレーター
ヤマサキミノリ

弁護士
日比野大（ビーノ）

サンマーク出版

朝
とある家
ギャーワー
早く食べて
バス来ちゃうよ!
ドタ
ドタ
ヤマサキミノリ
イラストレーター
2児の母
いってきまーす
はい
バイバーイ
タッチね
いってきますね
ふう〜〜やっと一息
とりあえずテレビつけてSNS見るか
ピ
朝のNEWS
海外の○○会社が日本のアニメキャラクターに似ている絵をSNSに投稿して問題になっています
弁護士のビーノ先生にお聞きします
大変だねえ
でた〜パクリ問題
他人事
確かにこれは似てるかも……
……でもねえ、実は関係ないと思っている人でも罪を犯している可能性があるんですよ
ビーノ先生
凄腕弁護士
ポップコーンが好き

映画館で録画しちゃダメとかキャラクターパクリ問題とかの話でしょ？そんなのわかってるって
フッ
ジョーシキでしょ
例えば、インターネット上に違法にアップロードされたコンテンツをダウンロードすると、違法です
うんうんそれくらいわかってる
でも違法にアップロードされてると知らずにダウンロードしている可能性もありませんか？
ギクッ
その可能性はないとは言いきれないのか？
あと、映画、テレビマンガ、雑誌とかの内容を写真に撮ってSNSにあげると
訴えられる可能性が
SNSですって!?
んん……!?

この間は、模写をSNSにアップしたら炎上したなんて人もいましたね～
かじりつき
え、うそ!?模写もダメなの？
SNSによくネットで拾った画像とか模写したのあげたりしてたような
ブツッ
……
きゅるん
ま、いっか☆
みんなやってるし、いちいち文句言われないよね！誰も見てないから大丈夫でしょ～☆
仕事仕事～！
切り替え大切～！
みんなやってるから自分も大丈夫って思ってない？

何か聞こえた
バッ
ような…
パッ
誰かいる……!!
ぎゃあああ
※ヤマサキ
さっきからTVにブツブツ言ってて
あなたの心の声、聞こえたので出てきちゃいました
え、恥ずかしい!!
カアーー
てか、なんでいるんですか?
ここは私の家ですが
しかもTシャツ
スーツはTV用!!
『みんなやってるから』ではすまされないんですよ!!

え、でもでも！
実際、問題になってる人
いないじゃないですか！
プンスカ
いいですか……！
著作権侵害すると、
「10年以下の懲役または
1000万円以下の罰金」です
ヒュッ
10年…
1千万円…
アニメキャラクターの
イラストを無許可で
ケーキに描いて販売したお店は
書類送検されました
ずん
ファスト映画を
YouTubeにアップ
した人は逮捕されました
人気漫画を動画共有サイトに
投稿した当時14歳の中学生も
逮捕されたんです
ドーン
知らなかったでは
すまされないんです！
ダラダラ
ダラ

怖いのは
わかりました！
圧
じー
だけど「著作権」とかって
難しそうだし
権利？　とか
法律？　とか
私、苦手なんです
漢字とか？　苦手だしぃ？
そぉゆぅ難しいのは？
とりま置いといてっていうか？
35歳のイヤイヤ期
それに私、そういうのを
知ってしまうと逆にいろいろ
気にしちゃうから嫌です!!
ピ
ヤッホー！
私は著作権なにも知らない
ヤマサキミノリ！
なぜテレビ？
へ？
いつも通り
仕事を
しているわ！
無知
ってこの手紙
なにかしら？

権利侵害です！
お金を払ってください！
わっ
激怒
払えないんですか？
裁判にかけますよ！
えっ
私の気持ち、
踏みにじられた！
ゔっ
廃業
ボロッ
THE END
ガクブル
ピ
ガクブル
わたくしは
著作権を適度に知った
ヤマサキミノリよ
知識を活用して
SNSに投稿
しているわ
ってこの手紙
なにかしら？
適度
お仕事を
お願い
します！
マンガ制作の
ご相談です！
SNSで見た
イラストの
ファンです!!
適度
オホホホホ

ブツ
思わずヨダレが
ね!
著作権について知っておくと仕事もプライベートももっと楽しくなるんです!知っていればムダに怖がる必要もありません!
で、でも私そういう難しい話本当に苦手なんです!
廃業イヤっだし
仕事はほしいけどっ
大丈夫です難しい話は私もキライ
弁護士なのに、です
弁護士なのに?
でも、ちょっと知るだけで楽しく、安全に、怖がることなく投稿できるようになりますよ
それに、著作権についてはこの3つだけ知っていれば簡単なんですよ!
①著作物かどうか?
②著作権が侵害されているか?
③著作権の制限規定にかかるか?
バーン
学校では教えてくれないけど、今の時代に欠かせない権利のことをひとつひとつわかりやすく教えちゃいます!

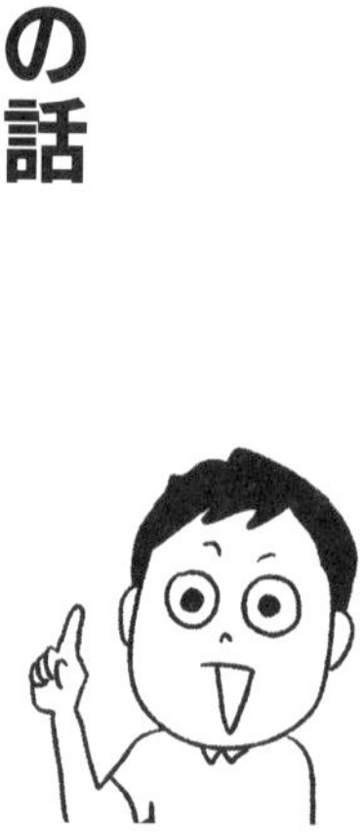

第3章 実際これってどうなの？ 身近な投稿ギモン編

第4章 実際これってどうなんですか？ SNS投稿

第5章 これであなたも著作権マスター？ 推し活編

第6章 ピンチの時はどうすればいい？心構えを教えて！

装丁　井上新八
本文デザイン・DTP　エヴリ・シンク
校閲　鷗来堂
企画　石谷静江（サンマーク出版）
編集　池田るり子（サンマーク出版）

第1章

誰も教えてくれない著作権の話

ボケーー
っとしながらSNS見る
あの後
続きはまたあとでね！
僕、収録あるから！
バーイ
教えてくれるんじゃ!?
なかったの／
の／
…仕事しよ
って戻っていったけど
そして私はSNS
結局なんだったんだろう
?
「著作権」がなんたらかんたらって言ってたけど

知らなくてもこうやってSNSできてるし
はっ!
ボケ
もう小一時間たってる!?
権利とか……漢字ばっかで難しそうだし苦手なんだよなあ……
絵しか描いてこなかったからさ〜
パタ
そもそもさ!なにさ著作権って!権利って!
怒ー
バッ
数学の円周率の小数点以下と同じくらいなくてもいいんじゃない?
ないとダメなんです!!
バッ

著作権はどうしてあるの？

勝手に使ったらダメなんですか?
?
まだよく分からないな〜
例えばヤマサキさんの描いた絵があります
SNSから拝借しますよ
なんですかコレ?
ペンギンです
照れますなぁ
この絵を僕が勝手にグッズにして売ります!
らっしゃ〜い安いよ安いよ〜♪
Tシャツ 2000円
アクリルスタンド 800円
ポストカード 500円
え!イヤなんですけど??
てか常識なくない?
そういうことです
もし著作権がなかったら誰かの作ったものを勝手に使うことができてしまう
その常識が著作権ということ!
ヤマサキさんが作ったものを勝手に使われて売られて他人が利益を得てしまう

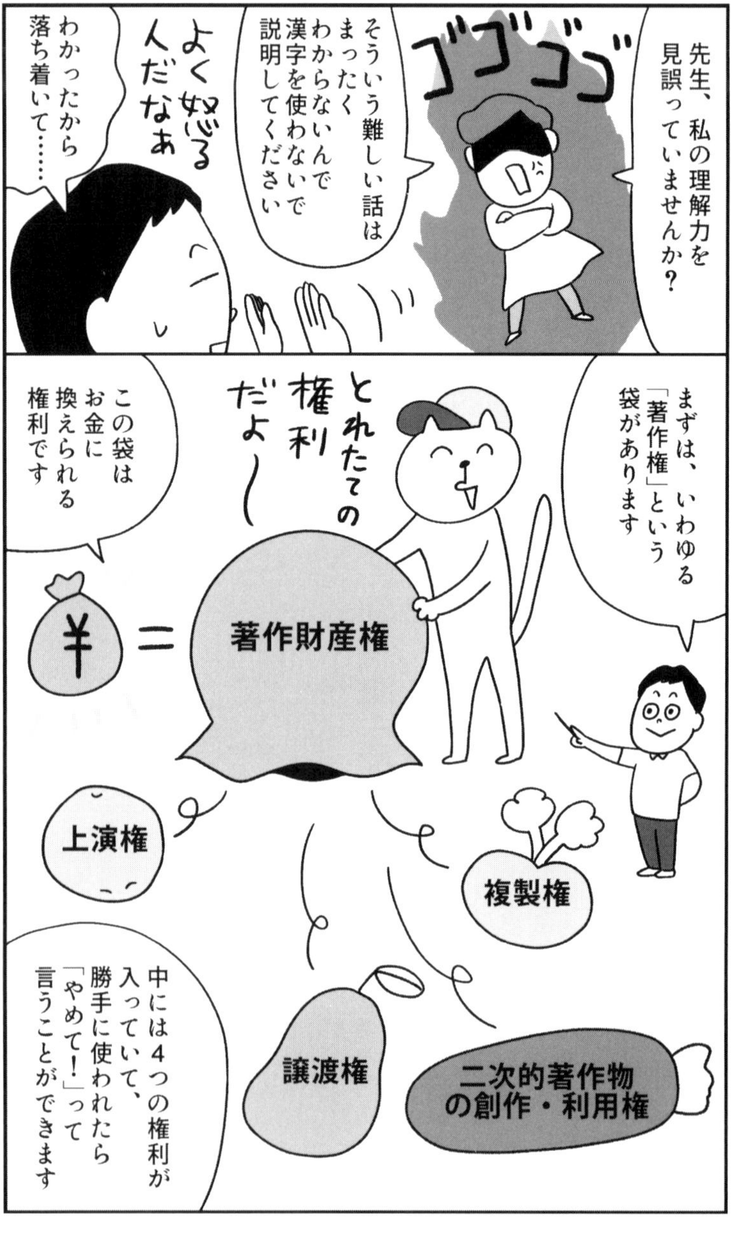
先生、私の理解力を見誤っていませんか？
ゴゴゴゴ
そういう難しい話はまったくわからないんで漢字を使わないで説明してください
よく怒る人だなあ
わかったから落ち着いて……
まずは、いわゆる「著作権」という袋があります
とれたての権利だよ〜
この袋はお金に換えられる権利です
¥
＝
著作財産権
上演権
複製権
譲渡権
二次的著作物の創作・利用権
中には4つの権利が入っていて、勝手に使われたら「やめて！」って言うことができます

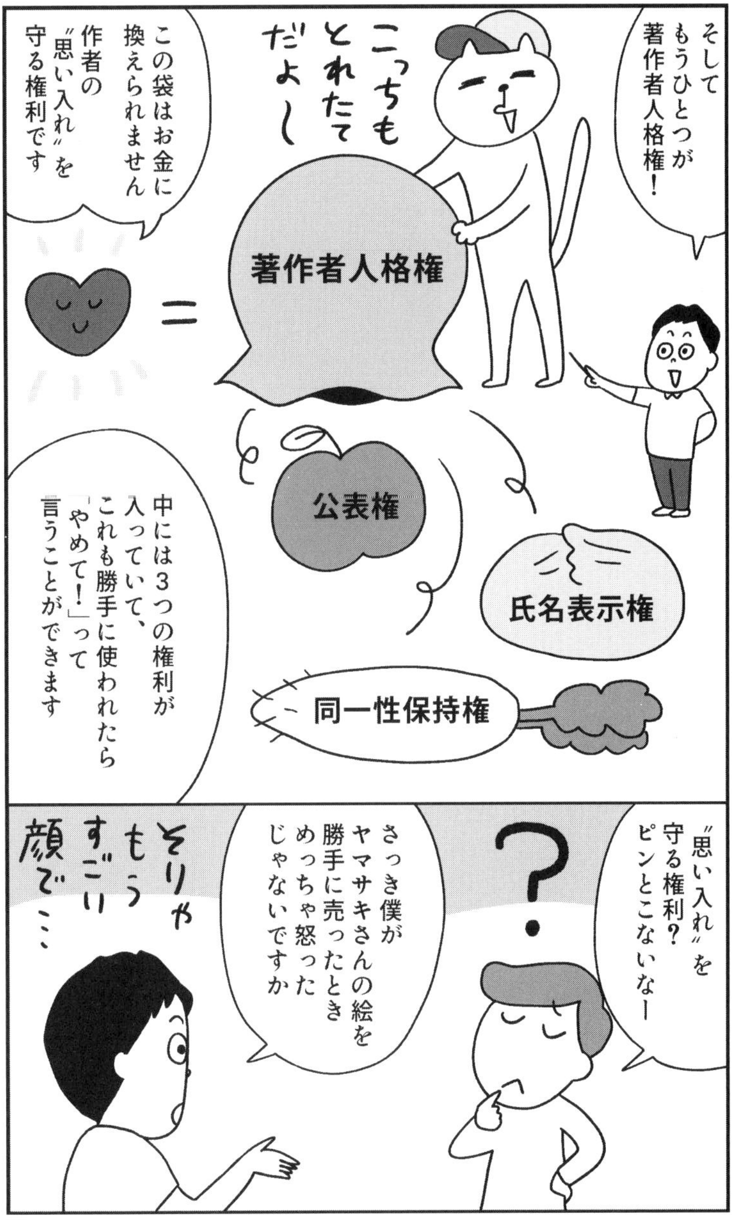
そしてもうひとつが著作者人格権！
こっちもとれたてだよ
著作者人格権
この袋はお金に換えられません作者の〝思い入れ〟を守る権利です
公表権
氏名表示権
同一性保持権
中には3つの権利が入っていて、これも勝手に使われたら「やめて！」って言うことができます
〝思い入れ〟を守る権利？ピンとこないなー
?
さっき僕がヤマサキさんの絵を勝手に売ったときめっちゃ怒ったじゃないですか
そりゃもうすごい顔で…

あぁ！
私がイヤだった「気持ち」を守るってコトね
ようやくできたミミキセキの一枚だミミ
他にも、徹夜してようやく最高のものが作れたとして
それを勝手に使われたり、変なふうに変えて使われてたら？
めっちゃムカつきます！
悔しいし悲しいし傷つく!!
キイイイ！
ガクッ
その"思い入れ"を守ってあげるよ！っていうのが人格権
人格権
思い入れを守るものだから他の人には譲れないよ

なんか……著作権って意外といいやつ？
照れっ
パアアアア
著作権
めちゃめちゃいいやつだよ
全くもう
でもその著作権っていつどうやってとるんですか？
どこかに登録するとか？
？
なにもしなくても生み出した時点で発生しますよ！
ん？
？？？？？？
プシュ
例えば、今イラストを描いてみてください
ハイ
え、今？
そう、今
？
ぐい
急に？
説明するより早いから
カキカキ
姿勢が悪いですね
描きました
キンチョーした
これはパンツをひっぱるくまです
ハイこれ著作権発生しました
内容はどうであれ

これが著作物だ！

要約するよ
著作権は、その人が生み出した時点で発生する権利で
描いた！
発生！
著作物
著作権
ガード
作った人が作ったもので得られる財産や、作ったものを真似されたくない気持ち、つまり〝思い入れ〟を守ってくれる権利です
著作権についてはなんとなくわかりました
いい奴っていうのも
わかりましたけど、もっとこう、実用的な知識がほしいんですよ！
やっぱり
結局、私たちがSNSをする上では、まず何を考えればいいんですか？
よくわからない
そこで登場するのがこの図です！
バン
CHECK
①著作物かどうか？
②著作権が侵害されているか？
③著作権の制限規定にかかるか？

えーなんかむずかしそうでややこしそー
ちょっとは勉強しようよ
ブー
ブー
まずは、「著作物かどうか」を判断しましょう
これって著作物っていってたのに
じゃないとかあるの!?
え!? 人が生み出したものは著作物って言ったじゃないですか
そうです！そうなんですけど著作物ではないものもあるんですよ
コソ…
え？そうなの？
著作物じゃなければ著作権がない、だから使っても文句を言われることはないんです！
なんだって〜
ドーン!!

だから、まずは「著作物なのかどうか」を最初に判断する必要があるんですね
そうしないと二度手間になっちゃうから
なるほど……
で？著作物って具体的に何があるんですか？
著作権法第2条第1項第1号では思想又は感情を創作的に表現したものであって、文芸、学術、美術又は音楽の範囲に属するものをいう
ペラペラペラペラペラ
と定義していますね
バッ
ほらきた！漢字ばっか！やだ！寝る!!
呪文じゃん!!
まってまってそうだな……
起きてーあきらめないでー
わさ
わさ
これで分かるといいなー
簡単に言うと、頭のなかを工夫して表現したもの
まだよくわからない……
ムク

例えばこの辺りですかね
論文、小説、脚本、詩歌、俳句、講演など
楽曲及び楽曲を伴う歌詞
日本舞踊、バレエ、ダンスなどの舞踊やパントマイムの振り付け
絵画、版画、彫刻、漫画、書、舞台装置など（美術工芸品も含む）
芸術的な建築物（設計図は図形の著作物）
地図と学術的な図面、図表、模型など
劇場用映画、テレビドラマ、ネット配信動画、アニメ、ビデオソフト、ゲームソフト、コマーシャルフィルムなど
写真、グラビアなど
コンピュータ・プログラム……
ズラーーーッ
まってまって、多すぎて覚えられないんですけど！
SNSに関係しやすいのは音楽、写真、映像、美術、言語ですかね
他にもあるかもしれません
ぐっ…
何となくわかるけどそれでも多いな……
逆転の発想！
これって著作物じゃないものを覚えておく方が早かったりします？
こ、こいつ……覚える気ないな
他にもっとカンタンに覚えられる方法は…
カタカタ
なんてズボラなんだ…!!
じゃあ著作物じゃないものを教えておきましょうか

アイデアは著作物じゃない

表されないってどういう意味？
説明するから
頭、しまって！
えっとね
例えばヤマサキさん、何か描きたいアイデア考えてみて
えっ無茶ぶり！
んーと……ゴルフをするうさぎ？
絵にすると著作物になるけどね
はい その「ゴルフをするうさぎ」のアイデアが著作物だとすると他の人がそれを描きたいと思っても誰も描けなくなっちゃいます
かわいいのに……
皆かけばいいのに…
そう、それ！
ビシッ
そう、アイデアを著作物にしてしまうと他の人の表現を制限してしまいます

この例えがどうであれ すべての人のアイデアが 著作物になってしまうと
ありきたりだけど「イスに座る人」とか「歌う動物」とか
逆に自由な表現ができなくなるでしょ
それが描けないのは困る気がする
そうなると誰も何も作れなくなってしまう……!?
そう、だからアイデアは著作物ではありません
ほえー
なんとなく
分かったでしょ?
くるっ
ちなみにラブレターも著作物ではないんですよ
あなたが好きです付き合って下さい
ええ!片想いの彼に想いを届けようと工夫してるじゃん!!
愛を!愛があるのに!
ハァ
ハァ
長ければ別だけど「好きです」のような短い言葉は
好きという事実を言っているだけでありふれた表現です

ありふれたひょうげん
愛が……
なのでメールや手紙は原則、著作物にはなりません
大ダメージ
はぁ……
ピク
ピク
ムクリ
メルマガとかブログは?
テキストと画像を組み合わせてるから著作物になりそうですね
想像以上に著作物かどうかって難しい!判断するのめんどくさいんで表にしてください!!
やだ!!!
ビターン
ちゃんと覚えて下さいよ
仕方ないな……

著作権あるなしリスト	
イラスト	○
漫画	○
デザイン	○
写真	○
本・雑誌	○
テレビ番組	○
アイデア	×
音楽	○
ライブ	○
メール	×
ブログ	○
詩	○
動画	○
レシピ	×

ＳＮＳに関係するのはこのあたりかな～

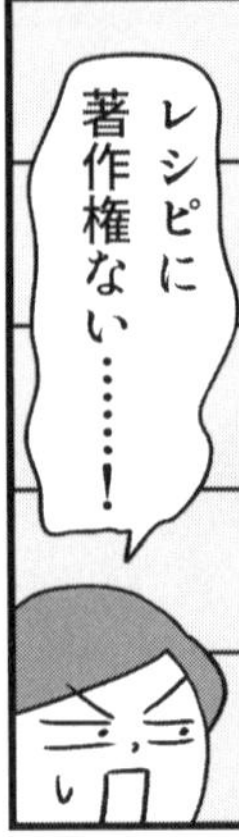
レシピに著作権ない……！

なんとなくだけど著作物かどうかはわかりました
じゃあ、著作権があるものを使うって、できないってことですか？
ほう・れん・そう
だね
権利者に確認すればＯＫ
確認しないとダメなんですね……
？・
そうだね
ポツン…
ガク
うう、なんだか大変すぎます先生っ
えぐっうぐっ
？
えっ？
何でもかんでも著作物で、著作権があるから使うときは確認するってそんなの大変すぎますよ!!
わあああ
ビッショリ
落ち着いて……

私たちだって
いちいち確認とってる
時間なんてないし
どーん
なにより
「めんどくさい！」
の一言に尽きます！
言うたった…
ふむ、
言いたいことは
わかります
まぁ
専門外
ですしね
フン
そんな
ヤマサキさんのために
特別に教えてあげましょう
著作権NG
にならない
特別ルール!!
くわしくは
この後
説明するよ！
特別ルール

第2章

リスクとおさらば！著作権のアウトをセーフにする方法

さっき言ってた特別ルール……
わあああっ
これさえわかれば私もSNS気軽にできちゃう!?
SNS避けてきたもんなぁ
しみじみ
カフェでブランチ!
モヤ…
……これアップしてもいいの?
フゥ〜♪
シャレオツ
街中で素敵なインテリア発見!
モヤ…
……外って情報多いしアップしない方がいいかな?
お仕事掲載!
ホクホク
?
……これSNSに掲載していいやつだっけ?
モヤァ〜〜
結局何も載せられてなかったもんなー
ヤマサキミノリ / イラストレーター
ホントにただのラクガキ

でも今は
SNSで営業するのは
当たり前だし
SNS活用しまくり子
私はこんな仕事がしたい！
○○のタッチで
△△のイラストが
描けます！
ぐぬぬぬ
いいな
私もやりたい
けど勇気ない
推し活で
楽しんでる人も
多いし
推しくん
LOVE
推しと♡
フン!!
私も
楽しみたい
SNSで
楽しみたい!!
仕事も
趣味も!!
だから先生！
早く特別ルールってやつを
教えてくださ——い！
さあ!!
はやく!!
出てきて〜!!
はいはい
ひょこっ

私的使用

じゃあ特別ルール
ひとつめから
いきましょう
私的《してき》使用《しよう》
まずは
私的使用です

急に
漢字じゃん…
特別ルールって漢字なの?
ゲ
そうですよ
くわしく言うと
私的使用のための複製(第30条)
なのですが

家庭内で仕事以外の目的のために使用するために、著作物を複製することができる。同様の目的であれば、翻訳、編曲、変形、翻案もできる。なお、デジタル方式の録音録画機器等を用いて著作物を複製する場合には、著作権者等に対し補償金の支払いが必要となる。しかし、[1]公衆の使用に供することを目的として設置されている自動複製機器を用いて複製するときや、[2]技術的保護手段の回避により可能となった(又は、その結果に障害が生じないようになった)複製を、その事実を知りながら行うとき、[3]著作権等を侵害する自動公衆送信を受信して行うデジタル方式の録音又は録画を、その事実(=著作権等を侵害する自動公衆送信であること)を知りながら行うときは、この例外規定は適用されない。また、映画の盗撮の防止に関する法律に
画館等で有料上映中の映
試写会で上映中の映画

※条文に著作権はありません

ペラペラ ペラペラ ペラペラ ペラペラ
あ…あ…
だーかーら!! 難しいんです!! わかんないんです 漢字!!
わあああ
ああ あ
勝手に涙が出るんですぅ
あぁ ごめんねっ
ついつい
私的使用って ひらがなで！ わかりやすく 教えて!!
ゆっさ ゆっさ
えーーっとねぇ 自分だけで使って、どこにも売らなければ使っていいよ ってことかな
ガッ
例えば？
例えば……
ちょっとは考えて下さい
自分で作って着る Tシャツですね
イラストや画像を 勝手に使用しても 問題ありません
え!? 誰かが描いた イラストとか アイドルの 写真でも!?
なぜ!?
？

アイドルの写真は著作権だけじゃなくて肖像権も問題になるんだけどね
フー
フー
だけど売ったりせずに自分だけで楽しむ範囲であれば使用しても大丈夫です
へぇー不思議
サイリウムまぶしいです
携帯に保存するのも私的使用なので大丈夫です
待ち受けにしても？
しゅりしゅりしゅり
大丈夫……
もうホント
お好きに、としか……
SNSに著作物をアップできるのは著作権者だけって考えていた方がいいですね
これを公衆送信権っていいます

でた!!
また漢字！
さっきから肖像権とかチラホラあったけどさ
ぐぬぬ
次行くよー
はいはい、これを簡単に言うと広く世に伝える権利
YouTubeとかにアップロードする権利とかネットやテレビ電子的なものに著作物を流すってことなんだけど
私が発表するからやめてよ？
著作者
著作物
ガシッ
つまり伝える権利は著作者にあるから勝手に投稿しちゃダメだよっていうことだね
広めたらいいのにー
えー
ただただ一人で楽しむためなら他人の著作物を使っていいってことですね
Only
デュフフ…デュフ…
極論はそうです投稿するなってこと

引用

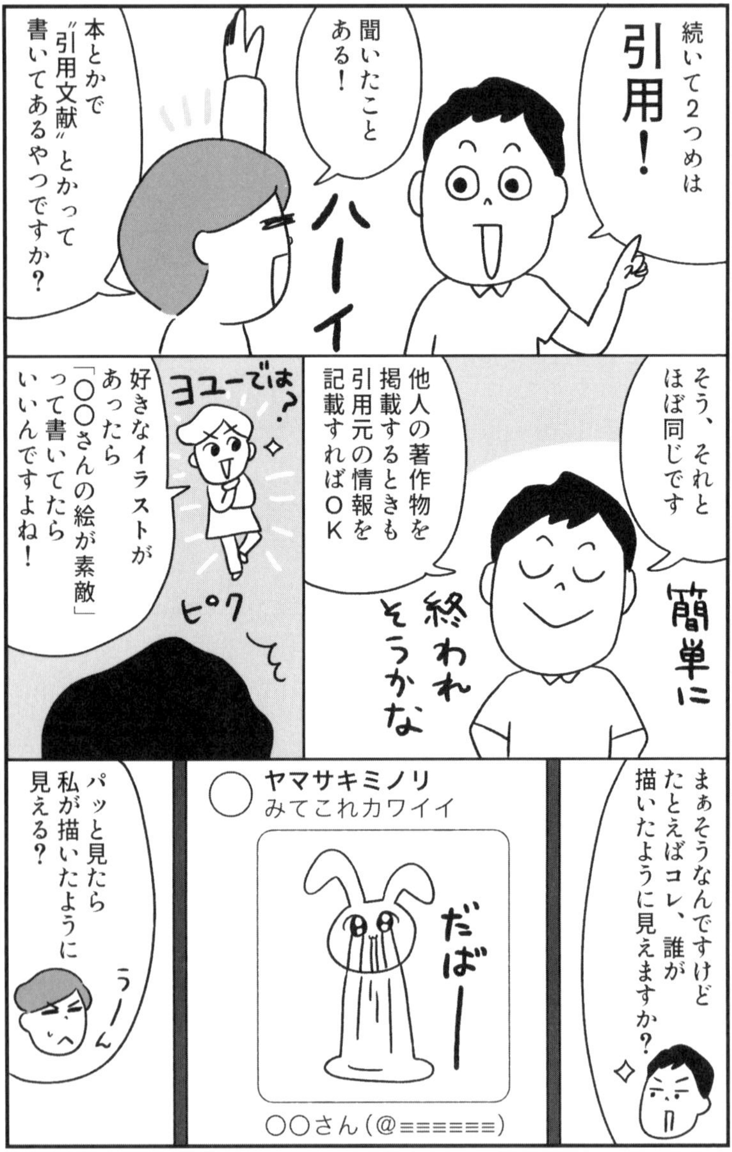

続いて2つめは
引用！
聞いたことある！
ハーイ
本とかで"引用文献"とかって書いてあるやつですか？
そう、それとほぼ同じです
他人の著作物を掲載するときも引用元の情報を記載すればOK
簡単に終われそうかな
好きなイラストがあったら「○○さんの絵が素敵」って書いてたらいいんですよね！
ヨユーでは？
ピク
まぁそうなんですけどたとえばコレ、誰が描いたように見えますか？
ヤマサキミノリ
みてこれカワイイ
だばー
○○さん（@≡≡≡≡≡≡）
パッと見たら私が描いたように見える？
うーん

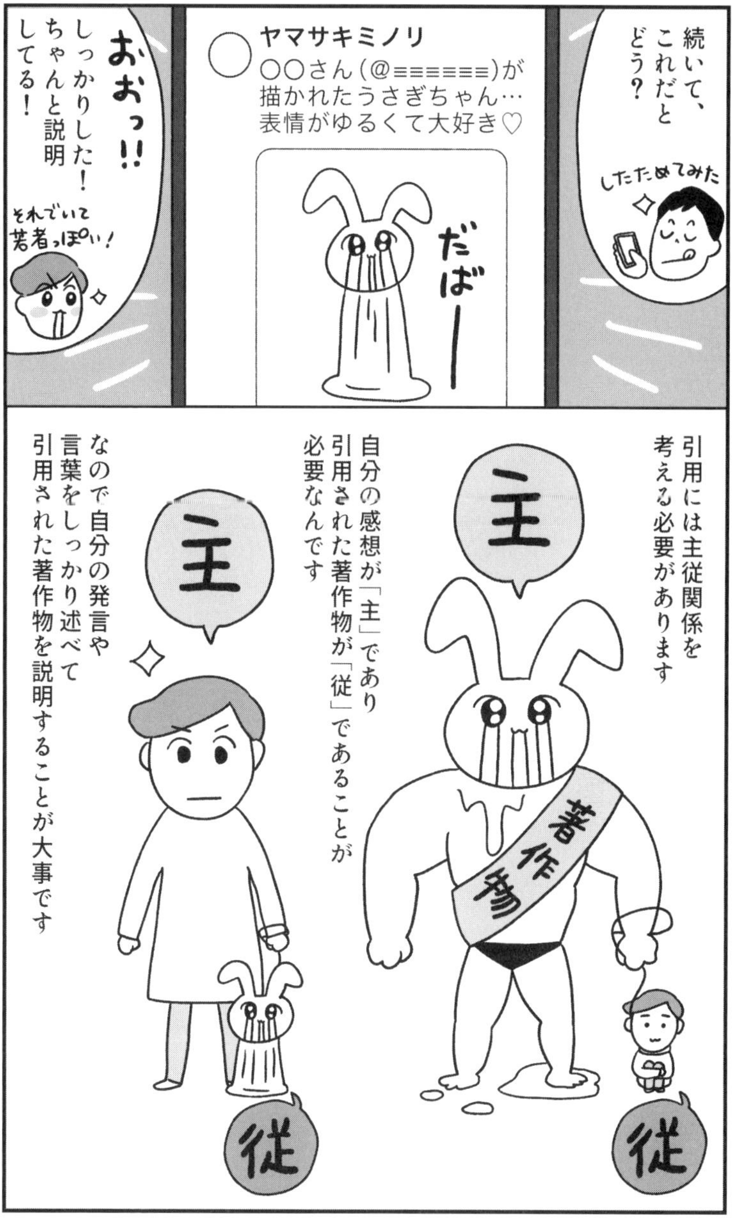
続いて、これだとどう？
したためてみた
ヤマサキミノリ
〇〇さん（@≡≡≡≡≡≡）が描かれたうさぎちゃん…表情がゆるくて大好き♡
だばー
おおっ!!
しっかりした！ちゃんと説明してる！
それでいて若者っぽい！
引用には主従関係を考える必要があります
主
自分の感想が「主」であり引用された著作物が「従」であることが必要なんです
著作物
従
なので自分の発言や言葉をしっかり述べて引用された著作物を説明することが大事です
主
従

うーん わかったようで わからない……
ヤマサキミノリ
○○の△△号
買いました！今月も
充実の内容で大満足！
××特集は特に
タメになったな～～
△△号
雑誌の表紙なんかも引用して感想を書けば大丈夫ですか？
大丈夫！
じゃあ他人のポストをリポストしないとダメなのかな？
感想かいてないしそのままだけど
いい質問ですね
ドン！
2020年の法改正で「スクショ」をSNSにあげてOKになりました
けっこうすごいこと！
スクショをあげればそれでいいんだ～～
イエ～イ♫
ノリが軽いな…
ただし、例えばマンガを一巻分あげるのはダメですよ

え？
スクショの量です
ピタ
誰かの動画やコンテンツを全部スクショであげちゃうのはダメですよね
当然
マンガ全部
無料でみせちゃうよ〜
自分のコメントを必ず入れることと、アイコンやユーザー名も入れてスクショするのが丁寧だと思いますよ
ここまでスクショしてると安心
ユーザー名
他人のイラスト
〝引用〟にすれば絶対安全ですね
よーし！わかった!!これで私も著作権マスターだわ！
いやまだある
先生どうもありがとう!!
ツッコミ疲れるな…

写り込み

そして お待たせしました 3つめの 写り込み
まだ あったのか……
写り込みって 写真とかに 入っちゃうアレ?
そのまま だけどさ
ううう…
ずいぶん てきとうだなぁ
もう パンク寸前です
プス プス
ドロ ドロ
例えば街中で 写真を撮りますよね
イエーイ
そこにたまたま 著作物が写っちゃった なら、SNSに投稿 してもOKです
……よく わからん!
たまたまって どれくらい たまたま!?
○×形式で 見て いきましょう
はい 次のページ いきまーす
わかった わかった
わー わー

建物の中の絵が写ってしまうのは？
OK～
カフェの中でポスターが写るのは？
OK！
アニメのTシャツを着ている子供の写真は？
これはダメそう
OKなんだな～

アニメのTシャツいいんだ……
というかけっこう何でもOKじゃん？
メインは子供を写しているのであってTシャツがメインではないので写り込みですね
あとは「人」が写り込むとトラブルになりやすい……
人？人の顔がダメなんですか？
例えばさっきのカフェで人の顔が写ってしまうと肖像権侵害になる可能性もあります
その人が有名人かもしれないし一般人でも事情があるかもしれないから
ぼかしたりスタンプ入れたり
顔だけ写さないっていう配慮をしてSNSに投稿すれば安心かな

特にホームパーティーなんかは公共の場ではないのでNGですね
ワイ
リア充……！
行ったことないわっ
ワイ
遊園地で撮影した写真に写り込んでいた人が仕事をサボっていたのがバレたこともあります
フフフ…
ひえぇぇ
外や道は明らかに公道なのでOKですがスタンプで顔を隠すと丁寧です
え？わたしスタンプ？
私の顔は隠さなくていいんですけど！
あ、でもヤバいことした時はスタンプで隠せばいいのか……
ベリ
はーい
ではおさらいしますよ～

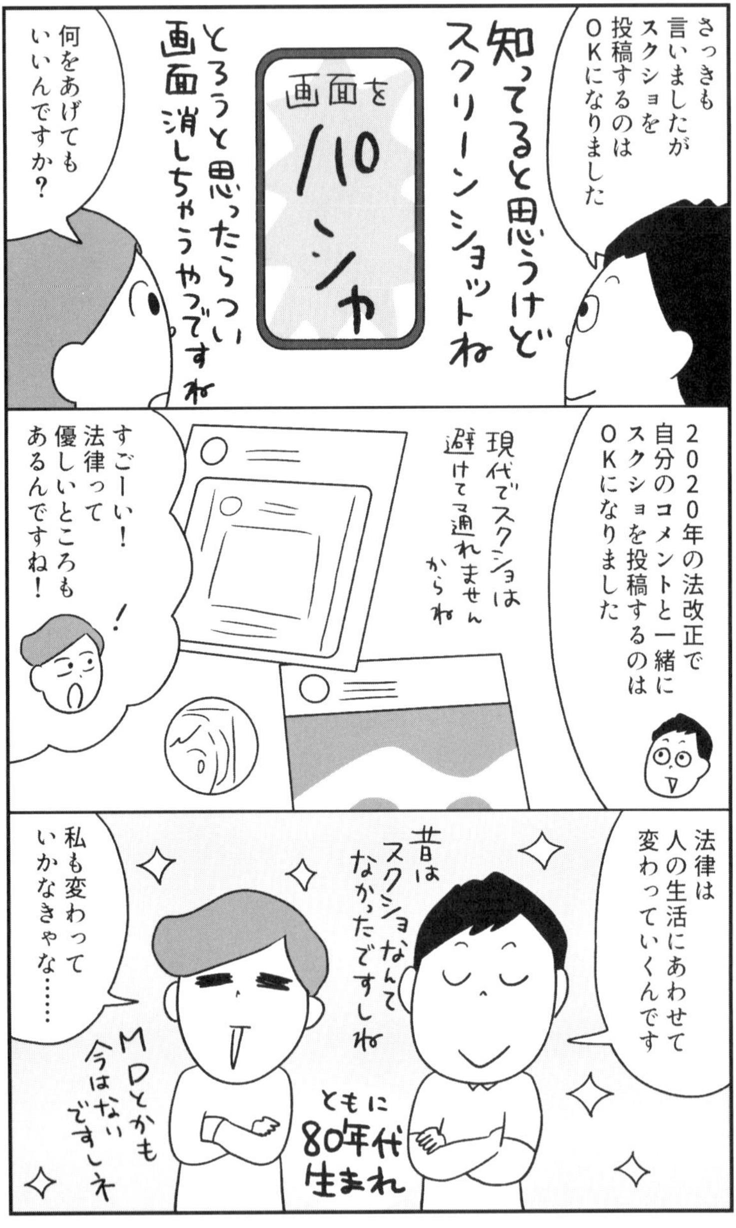

さっきも言いましたがスクショを投稿するのはOKになりました
知ってると思うけどスクリーンショットね
画面を
パシャ
とろうと思ったらつい画面消しちゃうやつですね
何をあげてもいいんですか？
2020年の法改正で自分のコメントと一緒にスクショを投稿するのはOKになりました
現代でスクショは避けて通れませんからね
すごーい！法律って優しいところもあるんですね！
！
法律は人の生活にあわせて変わっていくんです
昔はスクショなんてなかったですしね
私も変わっていかなきゃな……
ともに80年代生まれ
MDとかも今はないですしネ

第3章

実際これってどうなの？
身近な投稿ギモン編

著作権の特別ルールも教えてもらったし
これで安心してSNSできそうだな
るんっ
さっそく投稿〜♪
SNSするならソファーよね〜
ポスッ
写真って、結局そのまま投稿してよかったんだっけ？
え〜と
ボカすんだった？
えーと……人の投稿はスクショすればいい……
ん〜と
雑誌の写真って投稿できた？
ムム
ムム
webの記事ならいいんだっけ……
う〜ん
引用？スクショ？
ムク
…

あれ!? 教えてもらったはずなのに いざ投稿しようとしたら
さっきあれほど聞いたのに？
全然わからないんですけど
先生!!
ビュンッ
外
はい、いますよ
ドア
え？ なんで？
忘れちゃうだろうなーって思って待ってました
ドヤ
はい！ 実践しようとしたらさっぱりです！
はーい
では日常のシーンでもっと具体的に考えてみましょう

「映画・マンガ・テレビ」の写真をSNSに投稿するとき

はいはい！まずは雑誌は写真を撮って投稿して大丈夫ですか？
ハイ！！
ビーノ なんでも 相談室
おもしろい記事を共有したり私の場合は描いたイラストが載っているので見てもらいたくて
けど自分が作ったものだけが載ってるわけではないからなんとなくやめてました
表紙はモデルさんが多いし
怒られそうだし
ヤマサキミノリ
こちらの雑誌にイラストが載っています
何かの感想や伝えたいことの「サブ」として雑誌の表紙を使うのは「引用」として認められるのでＯＫです
雑誌名も入れておくと「引用」だとわかりやすいですね
ヤマサキミノリ
○○社の□□3月号にイラストが掲載されています
やーんシゴデキってかんじー☆
せんせ〜
雑誌の中身をアップするのは？
まあシゴデキの私が教えてますから当然

雑誌の表紙も中身も考え方は一緒です
○○号の沖縄特集ゼッタイ行く！
沖縄特
「引用」にするなら自分の気持ちを書くのが大切
またなんかはじまった…
お気持ち表明ですね
キリッ
例えばこれ私が描いたんですけどねっ
エッヘン！
フンフン
もっと近くで見てくれていいですよ？
モデル
イラスト
イラスト
自分が描いた絵といっしょに誰かの写真が組み合わせられてるとダメなんですか？
これも、メインの伝えたいことがあれば引用になると思います
メイン
私が描いたイラスト
サブ
ただ、これが芸能人の顔の時はちょっと注意が必要です
１１４ページで詳しく伝えますね

芸能人と言えば！

テレビで好きな女優さんが出てて写真を撮って「これ見てます」とか「この女優さん好き」って投稿するのもためらっちゃうんですが……

もじもじ…

それはね量によります

芸能人
芸能人
芸能人
芸能人
芸能人
芸能人
芸能人
芸能人
芸能人
芸能人
芸能人
芸能人

量？

ワラワラワラワラ

人数？

放映されたものの一部分なら写り込みの付随対象著作物と認められます

ペラペラ

また弁護士ぽく難しい言葉使ってる

放映されたものの一部？？？

わけからん！

1枚の静止画像とか60分のうちの十数秒～数十秒なら軽微な範囲としてOKです
このシーンすごくおもしろかった!! 推しの演技最高！
十数秒～数十秒
00:00
60:00
え～～～ 全部と少しと何が違うんですか？
?
ズバリお金です！
お金!?
例えば映画を全編無許可で流すと違法です
制作者の利益が減ってしまうからです
映画〇〇
全編公開
NG
だけど静止画や1分の動画では著作権者側の利益損失は少ないし
見たい！
1分で分かる映画〇〇
ワクワク
逆に、見たいと思わせれば著作権者側の利益になるかもしれないですよね

テレビや映画の画像を投稿するときは
ヤマサキミノリ
○○TVの△△という番組に出てた□□くん、今日もバチバチに格好よかった〜〜目の保養！感謝！
ほんの少しの量で相手に損失がなければいいってことですね
こんなかんじ？
そういうことです
オッケー
あとは自分の意見をちゃんと書いてあるのも大事です
おもしろかった！の一言でもいいから書いてあればその意見を伝えるための「引用」になります
よし！分かってきたから早速実践！
マンガも一部であれば大丈夫ってことですよね〜
一部……一部……
えーと
えーと
一部？
えーと
えーと
熟読
先生、一部って具体的にどれくらい？
はっ
ざっくりすぎてどこまでがOKでどこからがNGなのか知りたいんですけど！

具体的に言うのは難しいんですが全部出しちゃいけないのは確実
全部出して逮捕された漫画村の事件などもありますからね
覚えておけばいいのは2つだけです
ブイ！
利益を得ないこと
相手の利益を奪わないこと
んーじゃあ1コマならOK？
OK
1ページは？
NG
1ページで完結するマンガはダメですね全部ってことだから
うーんズバリ！先生!!
要するにどこまでOK!?
ぐりぐり
そのマンガを使ってどうしても言いたいことがあるなら
一巻の中なら4ページくらい
4コママンガなら1コマはOKという目安でいいと思います
※個人の見解です

好きな音楽をBGMに使うのは？

親告罪……!!
ってなんでしたっけ？
コケッ
親告罪というのは
オホン
告訴がなければ公訴を提起することができない犯罪のこと
一度コケてみたかったんです
この場合は曲の著作権を持つ制作会社が何も言っていないだけなんです
ダメだけど売れるならいっかー
制作会社
ワイ ワイ
ワイ ワイ！
みた！すごい！
かわいい
いい曲〜
なぜならみんながSNSに曲を投稿するとバズったり売り上げが上がったりするから
著作権の侵害ではあるけどそれを言わないんだ
だから、いろんな人が曲を使って投稿していても黙認されているということです
でも、言われたら罪になるんです
どこかで見られている？
言われるまでわからない……なんかすごい際どいんですね
キョロ
キョロ

権利って、主張しなかったら使わないのと一緒なんです
……使わないの？
動かないよ？
主張するかどうかは権利者が決められる
権利
ぬん
ただ著作権の侵害ではあるから本当はダメだけど
アウト
相手が何も言ってないからセーフ
セーフ
訴えられたらアウトってことですね
ビクビクしちゃうなー
怖いなー
怖いなー
でも……救いもあるんですよ……
それがフリー音源！
その名の通り著作権フリーの音源なら何も言われません！
フリー音源探します!!
アハハハハハ〜

歌詞の一部を投稿するのは？

曲の繋がりで言えば よくインスタに 歌詞が載ってるんですけど これはOKなんですか？
歌詞は著作物です！
だから、歌詞に似た言葉を知らずに書いてしまうのは仕方ないいんですが、歌詞と知っていて書くとなると「引用」ならOKということになります
まさか もう忘れたの？
引用……
えーと
わかりますよ わかりますとも!!
なんか、自分が伝えたいことがあったら使ってもいいやつでしょ
うん、まぁ そんな感じで いいでしょう
例えば、冬に聴きたい恋愛の歌詞を集めてみたと言って投稿するのはOK？
冬に聴きたい名曲ソング
歌手名や曲名を入れれば ……まあOK
ん
珍しく歯切れが悪いですね先生？
おや
おや
ムッ

歌詞って、著作権の中でもすっごく難しいところがあるんです
例えば新聞の見出しって著作物だと思います？
緊急事態宣言
頭の中を工夫して出してるからそうだと思います!!
うん違う
あれは「事実の羅列」なので著作物じゃないです
短い言葉で同じことを表現するとき、誰でも同じ言葉になりうるからです
難しい言い方……
なりうる…うる…
歌詞も例えば「さくら」なんていう言葉はみんなが使っているから一般的な言葉なんですよね
さくら　さくら
のやまも　さとも
みわたす　かぎり
かすみか　くもか
あさひに　におう
さくら　さくら
はなざかり
※童謡のさくら さくらの歌詞は著作権が切れているから掲載OK！
確かに桜のつく歌いっぱいありますよね

……
で？ということは？
……！はい！そうか！
「さくら」みたいな短い言葉を著作物にしてしまうと
誰も創作できなくなりますね！
ドヤ
そう、歌詞はね
そこがすごく難しいんです
知らずに同じような言葉を自分の意見としてSNSにあげたのなら罪じゃないですからね
私はどれも難しい…
なるほど
でも何かの歌詞を書いているのと自分でわかっているならタイトルや歌手名をつけておくのが一番いいですよね
まとめ!!
歌詞をあげるときはタイトルと歌手名をつけるのがベター!!

料理の写真と一緒にレシピも載せてOK？

おお〜！今日のご飯はうまくできた！
欲望モリモリランチ！
ジャ〜ン
SNSに載せてみようかな！
キャハー
いやでもこれ本で見たレシピだわ……
ハハハ…
思ったよりおいしそうですね
スッ…
SNS見てるだけじゃないんですね
先生！
でしょ！
他の人のレシピで作った料理の写真の著作権は私にあるんですか？
自分で撮ったものなら著作権はヤマサキさんにありますね
やった〜
じゃあ何も気にすることなかったか
しかも、レシピには著作権なかったんだった

レシピには著作権がないけど本には著作権があります
レシピ本
なので本の中の写真を撮ってあげるのはNG
はっ!!
本には著作権が発生するんだった
ただ、どこでどう見たかも覚えていないレシピを自分で書き出すならOKです
おおっ
てきとうさなら自信ある!
うろ覚えがいいのか!
さとう小さじ1を1.5とか
意図的にはダメだよ
ともっ
もちろんですっ
本の中にあるのを見ながら自分で書き出すのは？
ヤマサキミノリ
今日つくった〜
これおいしい！
○○社／△△著
『□□□□□』
本の内容をそのまま書くなら本の名前と著者名を入れたほうがいいですね
ぐあー冷めてしまった〜〜〜
ひやっ
まとめ！
本のレシピをそのまま書くなら引用して

昔のアニメを吹き替えして投稿するのは？

そう言えば先生 クラシック音楽は 著作権が切れてるって 聞いたことあるんですが どういう意味ですか？
スパっとも切れる?!
著作権
権利がなくなって 自由に使えるようになるんです
知らなかった!!
へー!!
違うよ
実は 著作権にも 寿命があって
著作者が 亡くなってから70年で 著作権が切れるんです
私のこの 華美な イラストも……!?
ブルブル
この場合は ヤマサキさんが 亡くなって 70年経ったらね
描かれてからじゃなくて 著作者が亡くなって からなんだ
え。
そう くまのプーさんは 2021年に著作権が 切れたんです
ボクは ポップコーンが 好きなんだな
だから今は プーさんを使って 新しくマンガを描いても OKなんです
ビ

やったー！ プーさん 描き放題!!
ほら！ 怒られない!!
実はもっとすごい話も ありますよ……
あのミッキーマウスも 2023年末に著作権が 切れるんです
コソ…
えええ…… あの ミッキーが？
ザワッ
はい、あの 初期のミッキーの イラストは 確実に切れて みんな使って いいものになります
これを
「パブリックドメイン」 と言います
なんか テストに 出そう だな…
それって例えば 関係ない人がミッキーマウスの イラスト集を出版しても いいんですか？
著作権と 商標登録 は別ね
ミッキーマウス という名前は 商標登録されているので NGだと思いますけどね

商標登録……
名前を他の人に使われない権利ですかね
溶けるのはやっ
ドロ…
そういえば以前に白雪姫のアニメにアフレコしている動画を見たんです
あれってOKなんですか？
ぬぽっ
はい 映画などの企業が作ったものは公開から70年で切れるんです
映画は公開から70年
白雪姫は1937年の公開なので著作権が切れていますから
その画像を使ってアフレコしても問題ないんです
コスプレも
OKよ♡
先生……アフレコしますか
ホレ、りんご
しません
ベリッ
まとめ！
著作権者が亡くなって70年経っているものは使ってOK

AIとの付き合い方

なんか……
ぽつり
AIってどうなんですかね
…
えっ
突然だし振り方が雑！
え!? だから何!?
なんか怖いってイメージばかりが先にあって
よくわかってないんです
ヤバイのは分かってる
けどもうSNSとは切り離せない存在だなって
まず、大前提・誰かが作ったものをAIに学習させるのはOKです
どんなものでも？
ブーブー
え〜〜〜〜 絶対に〜〜？
はい、AIに学習されたことで損する人がいないから
すご────く長くて難しい話いっちゃう？
まぁ細かく言うとすごく難しいのでこれだけ覚えておけばOKです
あ──いいです大丈夫です
AIに学習させるのはOK AIに学習させるのはOK AIに学習させるのはOK……

そして、AIに「作らせたもの」が誰かの作品に似てたら著作権侵害になるのか
ベリッ
ひぃぃ!!
そもそもAIが作ったものには著作権が発生しないと私は考えています
だから侵害も発生しづらい
スチャ
しづらい……
?
まあ、今後、法改正はあるかもしれませんけどね
なんで著作権が発生しないと考えるんですか？
その心は？
自動的に作っていて心の中を工夫して出したものじゃないからです
AIに心は
AI
ナイ!

確かに……
心があったらきっと人間と争うんだ……
グギギ
オレ ニンゲン キライ
※「生きているロボット」はアイデアなので描いてOK
だからそもそも著作権侵害にならないと考えます
ただこれは今のところの考え方で今後は変わるかもしれません
判例が少ないんです
えええ——っ
法律って変わるの!?
でも、AIで作ったものが「著作権侵害」をしたと言えない理由はちゃんとあって
もし、AIの作ったものが著作権侵害なら「誰の」著作権を侵害したのかと言えなくちゃいけない
誰の著作権？
とは？
んんん？
AIに学習させたいろんな人の著作物って言えないですか？
何万ものデータ
INPUT
AI
OUTPUT
完成品
AIは何万もの著作物を学習しているので誰の「これ」に似せましたとは特定できないんです
私の絵を真似してます！とは言えないんだ……
私のだけ入ってるわけじゃないもんな……
完成品

ただ、特定のものを勉強させて
コレに似たものを作らせる
という作り方をしたら
それはダメです
どう違うん
ですか？
「どれ」を参考にしたか
わかるということです
ヤマサキさんのイラストだけを
学習させるということは
「元ネタ」になる著作物があって
それに似たものを作らせている
ということですよね
元ネタ
AI
新しいもの
何万個の元ネタから
何かを作るのと
ヤマサキさんの
イラストから
何かを作る
ヤマサキだけ
何万個
AI
完成品
完成品
この2つの違いは
「依拠」しているか
どうかです
「依拠」とは
あるものに基づくこと
拠り所にすること
イキョ？
「元ネタ」を使って
「似せて変えろ」と
命令しているのが
ダメってことです
この絵に
似せて描け
でもちょっと
変えて
ヒヒヒ
AI
イエッサー！
「元ネタ」が
特定できるものは
AIの作ったものでも
著作権侵害になります

あと、よく聞かれるのが就活のエントリーシートをAIに書かせているのはOKなのか
当たリ前
え？当然ダメでしょ
実はOKなんです
えーパクリじゃん！
は？え？ゆるしていいの？
自分の事実を入力してそれをAIが文章にしているだけなので誰の権利も侵していないでしょ？
納得できない……AIの著作権にはならないんですか？
私のときには1からちゃんと考えないとだめだったのに…
さっきも言いましたがAIが作ったものに著作権は発生しなそうなんです
時代ですよ
よくでてくるなじじつのられつっていうやつは
チッ
事実を羅列しているだけなのでAIでも、実は人間の文章でも著作権は発生していないんです
そもそもネットにあるエントリーシートを参考にしてもOKてこと!?
もしや
OKというか問題はないですね
はい
まぁ丸写ししても面接でボロが出たりいいことはないよね
モラルの問題っ、
そうそう
まとめ！
AI
誰かの著作物をAIに学習させるのはOK！
作ったもの、「特定の元ネタ」がなければ使用OK！

友人とのLINEの内容をスクショして載せるのはOK？

え！知らない言葉！習ってないじゃん！ずるい!!
フンカー
「引用」とかして見せることはできないですか？
名前とアイコン隠したりして！
ガウガウ
ガウ
ガウ
もし隠しても見た人がわかっちゃうならプライバシーとか名誉毀損の問題になりそう
隠してもダメか……
めっちゃオモローなのに
ハァ
ハァ
でもでも！フツーの会話なんです！
名誉毀損にならない内容なら？
普通のことだとしても私生活の公開になるから相手に聞いた方がいいですね
どうしてものせたいなら
そっか！
！
じゃあ先生！あの時のやりとりのせてOK？
NG
まとめ！
名前を隠しても基本はダメ相手の許可をとればOK

ネットにアップされていた文章は……？

あ！これいいこと言ってるなー
ゴロ ゴロ
私も同じように言いたいな……あれ、これってパクリ？
ガバ
コピーペーストして自分の意見のように書くのはダメですよ
あなた、いつ仕事するんですか？
めくり
この人がこう書いていましたと一部を引用するのはOK
ヤマサキミノリ
○○さんがいいこと言ってたからメモ！
「————————————————————————」
こんなかんじ
ほうほう
あとは一部をスクショしたものはSNSに投稿してもOKでしたね
なのでスクショしてのせればいいね
そうだ！スクショにすればOKでしたね！
みんなの味方スクリーンショット！

もちろん一部であって相手の利益を損なわないということが大前提ですけどね
お金もうけダメ
人の著作権でお金儲けはダメ――!!
くわっ
文章だけをスクショしてもいいんですか？
ユーザー名
とてもいいことを言っているとてもいいことを言っているとてもいいことを言っているとてもいいことを言っているとてもいいことを言っている
元の人のアカウント名やアイコンもスクショに入れたり備考欄に書いたりしておく方が丁寧ですね
そうすれば自分が書いていないってわかるもんね!!
私じゃないです○○さんのステキな文です
でもそういえば◎◎構文みたいなのあるじゃないですか
あれは、いかにも自分の意見のように書いていますしスクショでもなくてコピペですよね？
どうなんですか？
おじさん構文とか…

あれはアイデアです
アイデア
NO著作権
ええー!? アイデアとアイデアじゃないものの区別つかないんですけど!?
つまり「内容」か「型」かってことなんです
？
ナイヨウ？
カタ？
例えば有名タレントのネタってありますよね？
『油で揚げているからカロリーゼロ』とか
あれって『とんかつは油で揚げてカロリーが壊れるからカロリーゼロ』とか『ポテチは薄くて揚げているからカロリーゼロ』とかいうじゃないですか
ペラ ペラ
ペラ ペラ
ペラ
ネタを紐解くとなんか恥ずかしいな……
カァァァ
これは「型」になるんです
カロリーゼロ
0

実際の内容は「とんかつ」や「ポテチ」の方にオリジナリティがある
内容
POTATO
型
カロリー0ゼロ
だからこれはパクリじゃないんです
言いたいのは型じゃないことの方ってことですね
言いたいところ
例えば、「型」に著作権が発生してしまうと「～だと思う」という言葉に著作権が発生してもいいことになっちゃうんです
「～だと思う」が使えないと何も言えなくなりますね
先生の話は難しいと思う、とか
思うのは自由さ
そういうことを防ぐためなんです
あるある言いたい～
引用して言いたい～
これもアイデア
まとめ!
アイデアは使ってOK

ビーノ先生の著作権コラム

著作権法はもう古い？

今まで「著作権を守れ」と語ってきましたが、実は、もう著作権法は古すぎて、守る意義を失いつつあるのでは……？　とも思っています。

そもそも今の著作権法は、「ハード」があること、つまりCD、映画、ゲームなどが媒体に記録され、その「モノ」を使うことを前提として作られています。

しかし、時代は変わり、音楽は配信が前提となり、CDは廃れつつあります。

ゲームは、「ゲーム機」というハードはあっても、「ゲームソフト」はデータで購入する人が非常に増えています。昔は、ゲームソフトも「モノ」として持っていましたから、中古ゲームソフト屋さんがたくさんあったものです。今はかなり減りましたよね。

映画も、配信アプリで見ることが多くなり、「モノ」としてDVDやブルーレイを買って見る機会もかなり減ってきました。家に、DVD再生機器を持っていない方も増えていると思います。

つまり、今後著作権法は、「形ある著作物」から「形なき著作物」を経済的な利用を踏まえて守っていくことになると思います。

今、音楽やゲーム、本などは、ネットやSNSで紹介されることでバズって売れる、という流れが多く起きています。

内容を紹介してバズらせる行為は、本来制作会社側の権利を侵害しかねない行為ですが、著作権者からは静観されている実態があります。これは、著作権侵害行為に対して、目くじらを立てるより、自由に紹介してもらって、結果としてものが売れる方が経済的合理性があるからではないでしょうか？

つまり、本来なら、著作権者の利益を守るためにあるはずの著作権法なのに、それを無視したほうが売れる、という逆転現象が起きているんです。

そして、生成AIなどの発展により、現在の著作権法ではカバーできない部分も多く出てきています(まだ、AIの作ったものが著作権侵害かすら明確ではない)。

つまり、これから「著作権」は変わらなければならない、ということなんです。

第4章

実際これってどうなんですか？SNS投稿

よしよし色々わかってきたから
もう帰っていいですか
次は高度なSNSの使い方してみたいな
制服はアウトだな…
踊ってみた動画とか
ゲーム実況も憧れるよな〜
わー
本の要約とか！
えー今日は○○について考えてみましょう！
YouTuberになっちゃったりして？
チャンネル作ったり……
デュフフ
しごとまっしろ
ハハハハ
ファ〜〜
そそそ
はっ

待て待て
ふ、
あぶない あぶない
ガタ
私はイラストレーターなんだからまずはイラストでしょ
よく模写して練習してるけどそれって投稿したらダメなのかなぁ
パクリとか言われたら怖いしなぁ
でもファンアートとかよく見るよな
あれはいいのかな?
○○描いたよ～
○○関係の人が見てくれてお仕事に繋がりました！
オフィシャルタオル！
ファンアートがきっかけで仕事になったとか聞いたことあるし
実力もあるんだろうけど
…あれ?…ひょっとしてまだSNSと著作権のこと分かってないんじゃないの?
けっこう教えてもらったのに…?
家
先生!! 技術もですが知識も全然足りません!!
まだまだ教えてください～～!!
さ、入って入って
帰らせて～
ずーーーリ
ずーーーリ

ゲーム実況・本の要約チャンネル

ゲーム実況をやりたいんですがゲームに著作権てあるんですか？
ありそうな気はするけど
ありますよ！オンラインに流してはダメです
じゃあゲーム実況は違法なんじゃ……？
コレはね「相手の利益を侵害しているか」ってことを考えてください
利益を侵害していない？
なんかさっきも聞いたような？
TVとか動画をあげるときだっけ…
そこで質問！
誰かがゲーム実況を見たらどうなる？
もしくはヤマサキさんはどう思う？
はい先生！
買いたくなります！
そう
つまり、ゲーム会社としては嬉しいんですよね
話を聞きなさーい
セーラー服はアウトって言ってるのに着ちゃった……
アオハル♡

ゲーム実況って
そのゲームが
好きな人が
やってるイメージ
ですよね
大好き
楽しい
文句言う人
いないかも
ゲーム会社としては
良い宣伝に
なりますよね
だから現状は
見逃されていきます
でも本当は
訴えられるかも
しれないってこと
ですか？
そういう心配を
なくすために
規約を作って
くれている会社が
多いですよ
ハラハラ
例えば任天堂
ネットワークサービスにおける
任天堂の著作物の利用に関するガイドライン
親切！丁寧！
難しい言葉
あるけど!!
おー！
ズバリ
ゲーム実況は
OKと言ってくれる
会社のものは
やってOKです

カラオケ「歌ってみた」動画をSNSにあげていいか？

『歌ってみた動画』はみんなやってるからいいんですよね？
機材がカッコイイ
コレはね……実はカラオケで歌っている動画をYouTubeにあげるのは
NGです
ダメなの!? ものすごくよく見るんですけど!?
ど!? ど!? ど!? ど!?
キーン
気にしておくべきことは2つだけです
「どこで」と「何を使って」です
マイク消して…
えええ？ 場所とか関係あるの？
まずひとつめの「どこで」の場合
カラオケで歌うだけの場合はOK

カラオケの会社がJASRACにお金を払っているから
カラオケ会社
何のお金ですか？
ワイロ？
どうぞ
どうも
JASRAC
楽曲の著作権を利用する権利です
お金を払ってカラオケで使う権利を得てるってことです
何でもお金がかかるなあ
同じように「プラットフォーム」や「場所」がお金を払っているところはまだありますよ
さてどこでしょう
はい！わかった！伴奏の話で出てきたYouTubeだ！
ハーイ！
YouTubeにたくさん「歌ってみた動画」ありますもんね
ナチュラルに制服着てる

そうです
YouTubeが
利用料を払って
歌ってみた動画を載せる人のために楽曲を使用する権利を買ってくれているんですね
親切ぅ〜!!
じゃあ他のSNSはダメってことですか?
YouTubeやニコニコ動画
Instagram、TikTok
FacebookあたりはOKです
Xはダメなんか…
JASRACと包括的利用許諾契約を締結しているから
ガ
チ
でもさっき
YouTubeにカラオケの
動画はあげられないって……
ん?なんか矛盾してないか?
そう、それが次に出る「何を使って」の問題
うぅ〜〜
まだあったか……

曲の『伴奏』ってあるでしょ
後ろに流れてる音
あれには、
曲や歌詞とは別の著作権が
発生しているんですよ
楽曲
伴奏
曲
歌詞
伴奏、曲、歌詞
これをまとめて
楽曲と言います
曲もこまかく分かれるんだ……
著作権…発生しすぎでは？
カラオケって独自の伴奏があるでしょ？
話戻すよ
楽曲
曲
歌詞
伴奏
ああ、確かに！本当の音楽とは違う別の伴奏が入ってる！
あの古くさ…
いや、趣が
あるやつ!!
それは、伴奏の著作権を侵害しないためにオリジナルで作っているんですよ
大変だなぁ
そして！ここで大事なのは！
ビクッ
何事!?
くるっ

この、カラオケの伴奏にもまた、著作権が発生しているんです
カラオケの伴奏
も〜〜〜著作権どんだけ〜〜〜!?
だからこのカラオケの伴奏を勝手に使って動画にアップするのはダメなんですよ
ふぅ……
ガク……
そんなのもうだめじゃん……みんな逮捕じゃん……
それがそうではなくて……ほら見てください
スッ
YouTubeに歌ってみた動画をあげている人たちは伴奏を自分で作っているんですよ
なんだって——!?
ちゃんと聞いたら確かに違うかも!
自分で伴奏を作ってもしくは伴奏なしのアカペラで、楽曲の使用契約をしているSNSにあげるならOKなんです

なるほどー！
ちなみに……
チラ…
何ですか？
鍵をかけたアカウントなら
インスタでもOKですか？
コソ…
24時間で消える
ストーリーとか？
ちょーっとだけ!!
さっき言ったけど
カラオケで
歌って動画をあげる
ということですよね？
はい、人目に
触れなかったり
すぐ消えるなら
いいってことは……
ね？
ズバリ
ない
ですよねー
ハハハ帰りますぅ
ド正論
すぐ消えようが
見えなかろうが
ダメなものはダメなので
自分で音源を作るか
買うかすればOKです
まとめ！
カラオケの伴奏を
アップするのはダメ
おふろで
歌おう！

曲のアレンジ・ストリートピアノは？

まぁ究極は自分で弾けばいいってことですよね？
アレンジしてピアノを弾いている人かっこいいよな〜
実はそれは危ないんです
ひょこっ
え？自分で弾いているのに？
アレンジするってつまりAという曲を似ているAダッシュにするということですよね
A
アレンジ
A'
それは翻案権侵害になってしまうんです
はい漢字〜ひらがなプリーズゥゥゥ
勝手に変える権利と言いましょうか
例えばマンガを映画にするとして少し内容を変えたりしますよね
マンガ
映画になると
ストーリーが少し違う
そういう時は「二次的著作物を作る権利」を取るんですけど、それをせずに変えてしまうのはダメなんです

許可を取らないとアレンジしたらだめってこと？
ゴロッ
めんどくさいな〜
え、じゃあBGMじゃなくてストリートピアノで弾いてる人いるじゃないですか
ご自由にご使用ください
たまにめちゃキレイな人がいる
それもダメ？
ストリートピアノでお金をもらわずに弾いているだけだったら「私的使用」として許されています
それをSNSにあげるとダメかな
あと、クラシック音楽ならもちろんOKですよ！著作権が切れていますからね
クラシック弾けないや…
そうなんだ……
でも、自分で伴奏を作ろうと思ったら必ずアレンジになっちゃうんじゃない？
わたしはねこふんじゃったしか弾けないけど著作権はないですね
そうだから、「何を」「どこで」が大事なんです
さっきも言いましたが

これも、YouTubeなど権利をとってくれているところにアップするのはOKです
わぁ〜
YouTube様様だぁ〜
YouTubeじゃないところは絶対にどこでもアウトなんですか？
規約を見て権利をとっているか確認する必要ありですね
なんとも言えない
お金を払って買った楽譜でもダメですか？
権利を買ってるってことじゃないの？
がくふ
けっこう高い
音楽には「演奏権」というのがあるので、それも勝手にアップするのはNGなんです
あきらめよう！
だから、YouTubeなどのJASRACと契約済みのところにしましょうね
アレンジをして家で弾いてみるのはOK
SNSにアップするならとりあえずYouTubeってことですね！
よーし！
まずはピアノの練習からがんばるぞー！
そこから!?
思わずツッコミ

模写ってどうなの？パクリとは？

先生……私、イラストレーターをやっているんですね
キリッ
さすがに知ってますよ
それで、SNSにイラストをあげると、見た人から仕事が来るっていう話をちらほら聞きまして……
ヒソ ヒソ
なんで怪談風？
出したいな、と思うけど……でも、パクられたりしたらイヤだなって思ってあげられないんです
仕事はほしい
おこがましいけど！だいじなイラストだから！
ヴー〜っ
確かに……クリエイターの方には大きな問題ですよね
パクリ問題ってオマージュとかパロディとかも同じような意味で使われていて難しいですよね
いろいろ例があるのですがまず今回は著作権侵害になる場合のことをお伝えしますね
準備しますね
PC
カタカタ
ちょっと話が長いけど寝ないで下さい
お願いしますっ！
イエッサー！

パロディ・モンタージュ写真事件っていうのがあって
ウィキペディアから引用します
山岳写真家・白川義員《よしかず》の写真作品の一部がフォトモンタージュ技法を用いてグラフィックデザイナーのマッド・アマノ（本名：天野正之）によって無断合成されたことに端を発する民事訴訟事件です
う…難しい…
アマノは自動車公害を風刺する目的でモンタージュ（合成）写真を創作しており、著作権法上の剽窃《ひょうせつ》（盗用の意、著作財産権侵害のひとつ）および著作者人格権侵害に該当するかが問われた
〈原告作品〉
〈被告作品〉
これがその写真です
ムムム
確かに同じ感じはしますよね でも……作品だし……表現もしているし……
ここでだいじなのは本質が感得できるかということなんです

ホンシツガカントク？カントク？
アハハ
ハハ歯
これは野球の監督かな？
つまり、新しい方から前の方と同じメッセージを読み取れたらダメってことです
メッセージを読み取る……？何も読み取れません……
ビビビビ
では、要素も同じだったらダメって言えるかな
これだったらわだちがあって山があって……と要素が同じでしょ
ほう…
なるほどトレースとかコピーだけがダメなんじゃないんだ……
パクリってムズカシイ
ハッ！見ながら描くのは？
例えば先生が私のイラストを見ながら同じように描くのは？
先生描いて!!
これは、例えば小説をマンガにするってことありますよね？
えー
専門外なんだけど
マンガが映画になるとかその「二次利用」という権利を侵害するおそれがあります
もとの絵を使って新しいものをつくる権利
カキカキ

でも、ただ描くだけなら私的使用なのでOKです
はい
バーーン!
描きましたってSNSにアップするのは?
こ…これは…
本に出てるけどね
いちおうNGです
しーっ
売るのは?
分かるでしょ
NGです
あれ?
クッション
キーホルダー
模写
でも、例えばモナリザを模写したお土産とかいっぱい売ってません? あれは違法ってことですか?
モナリザは著作権者のいないパブリックドメインだから問題ありません
このままのせてOK!
金になるなら著作権が切れてるものを探せってことか……
実力でがんばってよ
へっへっへっ
まとめ!
模写はしてもいいけどSNSに投稿するのはやめといた方が安全

「似せて欲しい」と言われたら？

じゃあ絵は変えずに色を変えるのは？
元絵
それは著作権侵害と著作者人格権侵害ですね
じゃあ顔だけ変えて身体はパソコンでトレースは？
元絵
著作権侵害
同一性保持権侵害
著作者人格権侵害
どれだけ変えても駄目
同一性保持権侵害!?
また難しいの!!
ガルルルル
同一性保持権というのは意に反して、変更、切除その他の改変を受けない権利
ひらがな
ひらがなで言うと、勝手に変更されたり切り取ったりされない権利

切り取ると
いえば……
パシャ
他の人が撮った
写真の中に自分の絵を
合体させるのは？
同一性保持権侵害
にあたりますね
結局のところ
それに似るように描いてくれ
と言われたときには
元絵
アイデア
・うさぎ
・2足歩行
アイデアは使っていいけれど
トレースしたり、改変したり
切り取ったりしてはダメ
うーん
じゃあこんな
うさぎでも
いけるかなぁ
できた
それは
クライアントに
聞いてください
だめー
クライアントの
やり直して
まとめ！
アイデアだけ
もらいましょう

人を見ながら、イラストの練習をするのはダメなの？

私よく
イラストの練習で
まだ仕事モードよ
ファッションサイトのコーディネートを真似して描くんですけどそれはパクリになるんですか
自分の練習の範囲内だったらまずセーフ
休憩
なぜか？
ビシッ
バッ
私的使用だから！
ただそれをSNSにあげるのはやっぱりダメ？
せっかく描いたからのせられたらいいなーって
そのまま載せるのはまずいかな
なぜラップに
しわ。。。

そのまま……
紙に描きましょ
しわっ……
ポーズを変えたりコーディネートを変えて描けばOKです
ハイ
ファイトノ
カキカキ
こういうこと？
ポーズを変える
ネギを持つ
マフラーを足す
そういうこと こうすれば元になる著作物がなくなりますね
脳内できちんと作り上げればOKなんです
ちょっとは脳を使うか
ちょっとは自分で考えろってことね……
震えてるだけでまっ白だ…！
オオオオオ
まとめ！
そのままではなく一部を変えればOK

震えてるだけでまっ白だ…！
オオオオオ

第5章

これであなたも著作権マスター？推し活編

SNSに関する著作権のこと
著作権
だいぶマスターした気がする！
ワカッタ
ピローン
ってあぁっ！
今日は推しのインスタライブの日じゃん〜〜!!
Xも更新されてるし新しいアー写も出てるぅぅ
推し活用のアカウントは別に作って
ヤマサキミノリ
推し
住み分けはちゃんとしてますよっと
こっちで更新しまくるで
ヒョコ
更新更新更新♡
トトトトトトトト

推し活SNSにも著作権が関係すること
ご存じ？
ドン
トトトトト
トトトトト
あ、全然聞いてないネ
待つか…
カタ
ダッ
あっ!! やめて先生!! 大事な推したち!!
ドカッ
アクリルちゃん！
ケロッ
え、で？なんて言いました？
…
痛い…
権利の中には推しに関係することもあるんですよ
って言おうとしただけです
え！推しに迷惑だけはかけたくない!!
先生教えて!! いますぐ!!!
ゆっさ
ゆっさ

推しを街で見かけた！写真を撮ってあげてもいい？

推しを街で見つけてSNSであげるのには
肖像権の問題が出てきます
ガルルルル
出やがったな！漢字め!!
人がみだりに他人から写真を撮られたり、撮られた写真をみだりに世間に公表、利用されない権利ね
ひらがなで言うと分かりやすいでしょ
プライバシー権と似ている部分があります
いやフツーに分からん
推しを芸能人と仮定して
芸能人
まず芸能人にあるのは著作権ではなく肖像権です
作られたものではないってこと
芸能人
肖像権

その推しを街で見かけたのは仕事中ではないのなら
芸能人
!
私生活の部分だとプライバシー権の問題になります
うつさないで下さい
私生活
プライバシー権とは私生活をみだりに公開されない権利ね
仕事中なら見られても仕方ないけど
プライベートな場所にいるのは公開されたくないかもしれないですよね
私も変な顔して歩いてるし
プライベートって私生活だもんな
ポイントは「どこにいるのか」です
公道や公共の場はOKだけど
店内や家の中はNG
家族で室内にいるときの写真は肖像権侵害になりますよ
家族
芸能人
家族

じゃあやっぱり
お店で見かけても
SNSにあげるのは
よくないか
推しの平和を守るため
フン
プライベートな状況は
公開されたくないので
控えた方がいいですね
つまり……
私だけが
知っている
情報に……
フフ…
フフフ…
ギョッ
そんな貴重な情報は
誰にも渡したくないですね！
私だけの心の中にしまって
生涯温めますね！
キャハーッ
まぁそれ全部
仮定の話ですけどね～
ハハ…
まとめ！
街で見かけて撮っても
自分の中に留めて
おくのがベター
会いたい…
推し…
かえろ

ファンアートっていいの？

先生……実は折り入って相談があって……
嫌な予感しかない
もっとたくさんの人に推しの良さを知ってもらいたいし私が推しを描いてこの気持ちを昇華したいんです！満足したいんです！
で、聞きたいのは推しの絵を描いてSNSにあげるのは著作権侵害になるんでしょうか？
ペラペラ
コワイよ…
それは「もとが何か」なんですよ
ぐぇ
え？先生もやっぱり推しが気になります？見てくださいこの笑顔!!しかもここでこのポーズなんて！罪！罪すぎる！
違う違う
描く前に何をもとにしたかです
ぷはっ
ああっ
写真を絵にしたんだったらそれは写真の二次的著作物になります
何も見ずに思い浮かべて描いたものなら著作権侵害にならないですよ

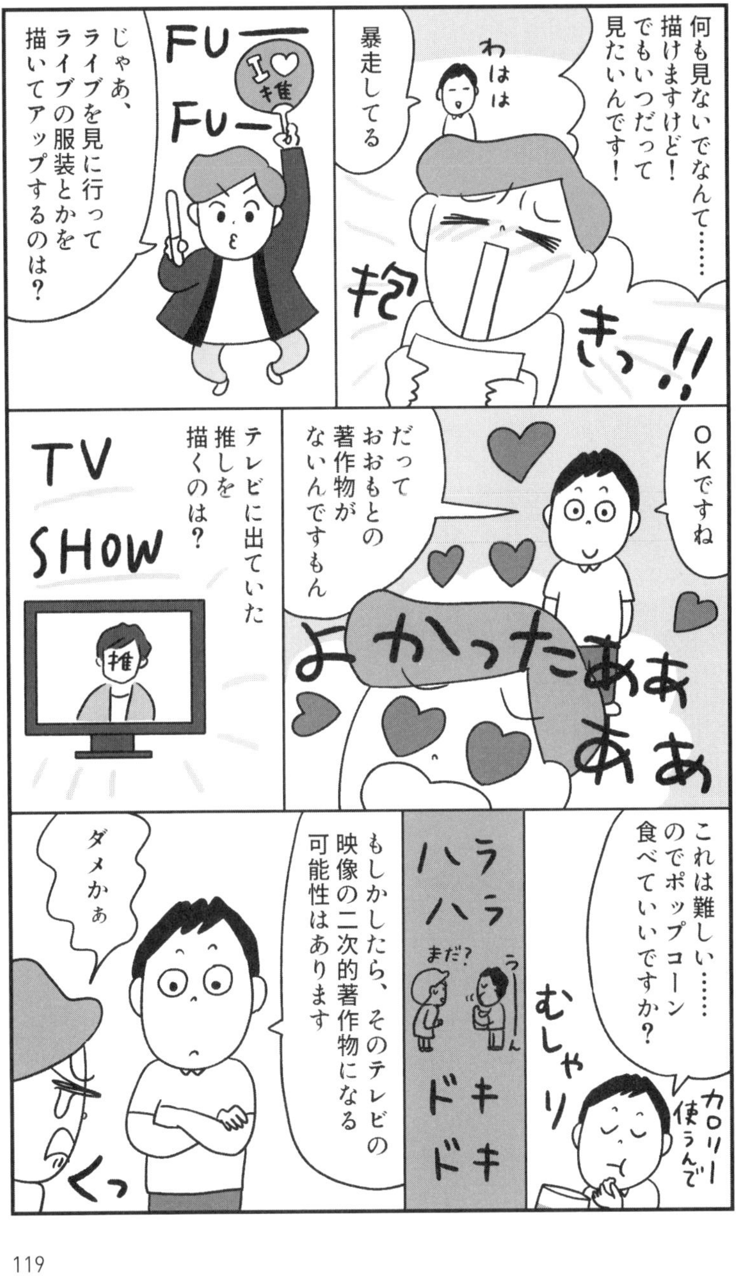
何も見ないでなんて……描けますけど！でもいつだって見たいんです！
わはは
暴走してる
きっ!!
FU—
I♡推
FU—
じゃあ、ライブを見に行ってライブの服装とかを描いてアップするのは？
OKですね
だっておおもとの著作物がないんですもん
よかったあああ
テレビに出ていた推しを描くのは？
TV SHOW
推
これは難しい……のでポップコーン食べていいですか？
むしゃり
カロリー使うんで
ハラハラ
ドキドキ
まだ？
う〜ん
もしかしたら、そのテレビの映像の二次的著作物になる可能性はあります
ダメかぁ
くっ

ただ、それをテレビの映像をもとに描きましたということを立証するのはめちゃくちゃ難しいですよね
今日のこの番組の衣装ですって描いてあることもあるからそれならわかっちゃうな……？
じゃあ、描かなければワンチャンいける？
はっ
あと、難しいのは……だからといって、じゃあ推しの方がそれをとがめるのかというところなんです
描かないで！とか言うかなぁ
描いてもらえて嬉しいと推しに思ってもらえてたら嬉しいな……!!
認知
あと、経済的に損をさせていないでしょ？なんなら広告をしてくれているという見方もできるわけです
ヒャッホー
ええっ広告させてもらっていいんですか!?

法律上はダメなんですよね……？
でも
そうです
だけどさっき言ったこともありますし
ススス
法律上はよくないんですけど結局、された側がどう感じるかの問題だし、経済的に損害がない
むしろプラスがあるという場合申し立てない場合が多いのが現状です
今日も神♡
この手ヤバない？
ほんそれ
さい&こう
尊…
これはあざとい
大盛り上がり
くぅぅ!! 絶対に清らかに推し活をしたい気持ちと布教したい気持ちがせめぎ合って……
ブル
ブル
ブル
辛いです先生!!
ワッ
知らんがなー
まとめ！
法律上はダメだけど相手のことを配慮すれば何も言われないことが多い

推しの写真をアイコンにしてもいい？

え!?
いいんですか!?
ガバッ
ひいっっ
本当は
ダメです
写真撮った人の権利？
とか言ってましたよね
リつかのどこかのページで
そうそう、
肖像権の侵害と、
その写真を撮った人の
著作権を侵害している
からです
だから、著作物をそのまま
使ったらNGです
え、でもみんな
やってるじゃないですか
どういうこと？
それはね…
なんでだと
思います？
さて
問題です

えっ
問題っ!?
ズザ
反射的に逃げちゃった
誰も文句を言わないからです
出た！なんだっけ！あれ！
えーっと
ズバリ
親告罪なのと経済的な観点ですね
それ！
つまり、企業がめくじらを立てないからなんです
企業
じー
著作権を侵害されていることよりも、みんなが使ってくれて、人の目に触れている方が経済的に良いからです
ワイ
最高！
ワイ
かっこいい！
確かに…
だから見逃されているだけなんですね
訴えられることはないと思うんですけど本当はNGです
弁護士的には
あんまり良くはない……っていうところですね
それは仕方ない…
まあアイコンにしなくてもいっか☆
まとめ！
良くはないので自己責任で

推しの投稿をスクショしてSNSにあげるのは？

え⁉
いいんですか⁉
2回目
キャハ〜♡
推しの話は
元気だな……
推しが
すごく素敵な投稿を
してたんです
かっこいいーと思って
私もSNSに
あげたいんです‼
スクショと自分のコメントを
あわせてあげるのはOK
三十条の二の規定で
セーフになりました
三十条？・
規定？・
よくわかんない
けどやったー‼

ヤッタ
ヤッタ♫
もう いいかな
あっ……
でもでも、推しに迷惑をかけたくない気持ちがあるので気をつけることはありますか？
キリッ
いつもその心意気でね～
推しになると配慮がすごいね
ちゃんと推しが投稿しているっていうことがスクショの画像だけでわかる方がいいですね
私の愛する推しの素晴らしい言葉が全世界に広がれ～っ
まとめ！
自分の意見を入れてあげればOK！ 推しの投稿とわかれば尚よし

推しが特集された雑誌の中身の画像をSNSにあげるのは？

先生見てください!!
推しが雑誌に載っています!!
バーン
4ページも特集されているなんて……とりあえず3冊買おう
へえ
そうですか……
で！でですよ!!
誌面の推しの写真を全部撮ってこんなことが書かれていましたってあげてる人がいるんです！
怒!!
これは完全にアウトですよね？
えーとね
雑誌の全体から見ると多くはないのでOKの可能性が高いです
まさかとは思ったけど
うそーー!!

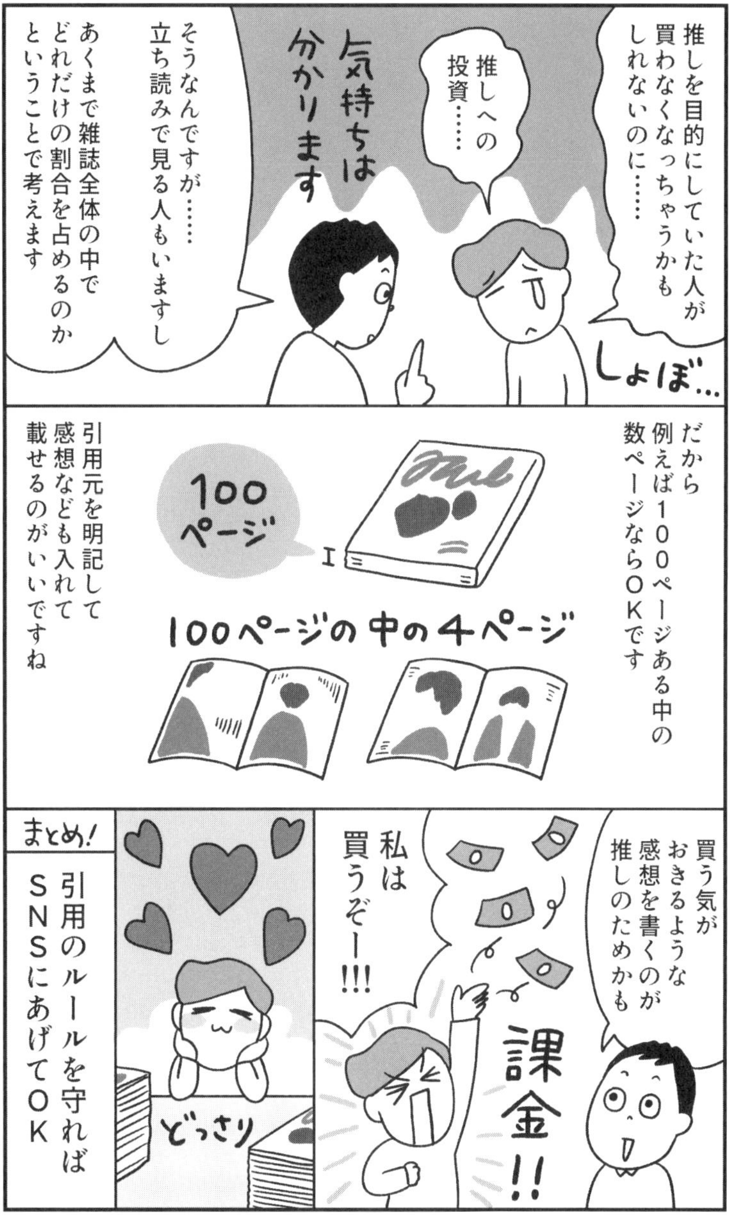
推しを目的にしていた人が買わなくなっちゃうかもしれないのに……
推しへの投資……
気持ちは分かります
そうなんですが……立ち読みで見る人もいますし
あくまで雑誌全体の中でどれだけの割合を占めるのかということで考えます
しょぼ…
だから例えば100ページある中の数ページならOKです
100ページ
100ページの中の4ページ
引用元を明記して感想なども入れて載せるのがいいですね
買う気がおきるような感想を書くのが推しのためかも
課金!!
私は買うぞー!!!
どっさり
まとめ!
引用のルールを守ればSNSにあげてOK

ライブやイベントの様子を撮影・投稿するのは？

先生〜！ライブには著作権ありますか？
質問〜！
ハイ！
ありますライブの音楽に
ほかにもトークや漫才にも著作権はあります
じゃあライブやイベントを撮影したり投稿したりするのはダメなんですね？
たまに流れてきますけど
ライブのイベントの様子を撮影した投稿は最近できるようになってきているんです
それが拡散されれば宣伝になる、ということでミュージシャンなどがＯＫとする流れが広まってきています
SNSにあげてOK〜!!
時代ってやつですなぁー
新しい流れなんですね

じゃあもうライブはじゃんじゃんあげちゃって大丈夫なんですね！
ウリ〜
違います
ピピー
「本来はダメなものをある特定の人がOKとしている」というだけなんです
えっそうなの？
トクベツってことね
だから、本当はダメだけどOKとしている人がいるというふうに捉えてください
まぁあたり前か
OKって言われたらあげていいんですね
あと、当たり前のことですがライブを流す時のコメントなどで誹謗中傷とかをするのはまた別の意味でダメですからね！
そんな奴は私が許さない！
ワー
ワー
こっち向いて
DVDで楽しもう
まとめ！
OKと言われたらあげて大丈夫

ファンによる広告！勝手にSNS広告を出してもいいの？

さて、本日もネットサーフィンしますか
私の朝のルーティーン♫
ん？見たことないアイドルの画像があるぞ
HAPPY BIRTH DAY
なんだこれ⁇
ネット検索
ファンが出した広告⁉そんなのあるの⁉
私も推しにやりたい……
え、でも肖像権とか大丈夫なの？
でも本人もリポストしてる……
韓国発祥のファンによる応援広告がアツい
これは、勝手に肖像を使っているので著作権としても肖像権としてもNGの可能性あり
ササっと登場！
やっぱり⁉すぐに広告主さんにおしえてあげないと！
ハラハラ
ドキドキ
でもね、これはポイントがあります

またポイント？
ポイント多いなぁ
ポイントカード
この本でポイントカードかなりたまりますよ
まあそう言わずに
アイドルはどういう気持ちなんでしょう？
リポストしているってことは嫌ではないよね
アイドル
アイドルからしたらこうして広告を出してもらえることって
HAPPY BIRTH DAY
嬉しいことですよね
アイドル
推しが喜ぶならなんでもしたい……！
ゴゴ
ゴゴゴ
誹謗中傷の広告ではないしみんなに愛されている象徴にもなる、アイドル自身も嬉しい
その結果としてパブリシティ権と肖像権を振りかざして、これを止めるのかというと難しいですよね
ムムムムム

日本でもこれをやってもいいんですか？
コーフン
フン
フン
日本って実はすごく厳しいんですよね……
避
だから、写真を使うならやはり事務所などの著作権者に確認を取った方がいいと思います
あと、音楽を使うのはNGです
著作権がJASRACにあることが多いので
ニホンキビシイ
しゅん…
名前を使うだけなら？
OKですよ
推しー！
推しー
推しー
山びこもOK
まとめ！
日本では難しいけど名前を出すだけならOK

YouTubeなどで公開されたMVやムービーなどを画面録画

YouTubeで新曲MV公開された!
ウオーー!見るぞーー!
フンガフンガ
最高〜〜〜!!
ああ布教したい……このダンス見てほしい……
でもこれSNSにあげたらダメなんですよね?
おーーい ビーノ先生ーー
一部だったら引用になるのでOKですよ
ヌッ
今日はそこから
動画でもいいの!?
動画も引用、もしくはスクショと同じように解釈されると考えます
引用
スクショ
例えば見ている画面を画面録画したとしますよね
このボタンとかですね

これは、引用が許されていることを考えるとスクショも一部ならばOKだと解釈できると思いますね
たとえば、推しのYouTube動画を勝手に動画で撮って
推
「おもしろかったー」とか言ってもいいんですか？
おもしろかった
これは、例えば切り抜き動画をアップするのと同じ考え方になります
生配信
ライブ
2時間
ココが面白ポイント
10分
長い動画を一部切り取って編集、再投稿
YouTubeとかでよく見る切り抜き動画
あれは載っている側の許可が必要です
許可して
OK
配信者
第三者
だから動画を動画で撮ってアップするなら本当は許可を取る必要があります

なるほど！
許可をとればいいんですね！
いや
めんどくさい……
ガク
でも、全部ではなく
ほんの数秒を見せている
のであれば
引用か写し込みの規定で
ＯＫとなると思います
やった!!
全部撮っちゃうのは
ダメなんですね
大事なことは確認!!
それは
ダメです！
目に
焼きつけよう
まとめ！
あげるなら数秒だけ
それ以上なら許可が必要

動物園や水族館の写真ってアップしていいの？

人権がない!!
肖像権って
人権の中にある権利なので
人以外のものには
適用されないんです
動物とか
植物とかね
なんか
ショック……
レッサーパンダの
風太くんとか
タレント犬にも
ないんですか？
僕はないと考える
べきだと思いますね
お金稼いで
そうなのに……
レッサーパンダ
20匹ぐらい並べましたが
誰が風太くんか
わからないですよね
ぐぬぬぬぬ!!
動物たち
いつもいやしを
ありがとう!!
まとめ！
人権がないから
自由にあげてOK

会いたい…推し…
かえろ

第6章

ピンチの時は
どうすればいい？
心構えを教えて！

さて……
パッ
SNSに関する著作権の話、いかがでしたか？
クルッ
ためになりましたね
あんなことやこんなこと
色々なことがわかりましたね
これで怖いことはありませんね
フフッ
いやある――――!!!
バキ
私が怖いことそれはズバリ

炎上!!!
ゴゴゴ
ウアアアアァァ
ゴゴゴ
気になって夜しか眠れません…
気をつけていても炎上しちゃったらどうすればいいのか
いや気をつけますよ？気をつけてますよ？気をつけすぎて何も投稿できないくらい気をつけています
これやっぱりあげない方がいい？
この言い方はまずいかな？
プス
プス
2時間経過ー
ここで学んだんだし!!
だけどこの本を機にバンバン投稿したい！
オー!!
先生ーー!!
やっちまったらどうしたらいいですかー！
ここにいるよ…
かかかか

炎上したらやるべきこと

あのう……
もじもじ
もしも、もしも、自分が知らないうちに著作権侵害をしちゃって炎上したらどうすればいいですか？
え？
してるんですか？
してないですよ！しない予定ですしそのために勉強してきました！
バッ
オロオロ…
でも、もしそういうことがあったときに、対応をまちがえると、またもっと炎上するじゃないですか
なので対策というか予防線というか……
企業も炎上して会見したりしてますし
しゅるるるるるるる
まぁヤマサキさん企業じゃないですし炎上しないでしょ
ビビりだし
ちょん

とはいえ炎上した時には
「誰が」言っているのかをしっかり見極めて対応するというポイントはありますよ
ポインツ！
誰が言っても同じじゃないの？
炎上しているのには変わらないし…
指摘や注意が本人からきたのかそうでないのかということです
使っちゃダメですよ
本人
他の人
著作権侵害は親告罪です
逆に言うと本人に言われたのでなければ炎上しても
罪に問われているわけではないんですそこをしっかり認識しておくこと
罪
≠
ゴゴゴ

それはそうだけど！
ピーーッ
まあ確かに、今は罪そのものよりも
そのあとの対応の方が問題になったりしますよね
正しいやり方教えてくださいーー！
弁護士的に!!
削除、謝罪、以上！
ド
それはそうでしょうけど……
想定内…
もっとなんか絶対大丈夫みたいな手はないんですか？
これさえしてればOK！みたいなやつ〜
う〜〜ん……

本人から指摘が来たのなら削除、謝罪して、必要なら使用料を払う
本人
使っちゃダメですよ
他の人
謝罪
使用料
画像
×
削除
他の人から指摘されたとしたら間違っていたのなら削除する
謝罪しなくていいんですか？
本人以外の人たちに……
ズバリ
オロオロ
他の人って著作権侵害したことと関係あります？
う〜〜ん
確かに……
ないっちゃないか……
もちろん間違って使ってしまったのは悪かったとしても
すみません
すみません
すみません
ゴゴゴ
ゴゴ
謝罪をしすぎるとより炎上を招きかねないので本人に対してきちんと謝罪をすればいいと思います

モノを作ってしまっていた場合は？
Tシャツとか
画像
画像
ステッカー
それは処分するべきでしょうね
それを報告して
捨てました以後気をつけます
と言うのがいいと思います
炎上したら、あせって謝らなくちゃ！と思って変なこと書いちゃいそう
もう土下座の準備しちゃってる
気をつけよう
炎上をしたらまずは削除
人の噂も75日ですからあとは見ないというのも大事ですよ
炎上しなくって
この度は大変申し訳ありません
メリ
メリ
メリ
メリ
まとめ！
炎上したら削除、謝罪！SNSと少し距離をおこう

自分の権利の守り方

SNSの使い方にちょっと自信が出てきたので
お金ほしい
自分のイラストをあげて見てもらって仕事につなげたいと思っています
GOOD!
いいね
ただ、もしも使われちゃったら？と心配になることもまだあって……
使われる側になる不安があって…心を込めて描いた絵たちだし…
あげる時に自分で先にやっておける自衛策ってあるんですか？
お守り的な…
まあ自分で言うのもなんだけどね
©はつけるようにしていますけどね！
エッヘン
あーそれは法的効果がないよ
ポキ
うそぉぉぉ!!
ガーン

あれは、入れても入れなくても同じなんです
僕からすれば©つけてても で？・何？・というかんじです
WEBサイト、イラスト、数えきれないくらい
おまじないのように何でもかんでもつけてたよ……
法的効力があるかは難しいのですが効果がありそうなのは
①自分の名前を写真や画像に入れておく
②サイトにポートフォリオを作って何日にアップしたのか、いつ作ったのかを明確にしておく
このあたりかな
先に作ったことがわかれば著作権がこちらにあると言えますもんね
盲点！
ほえ〜
ヤマサキミノリ @YOCOJIWA 2024/00/00
絵を描いたよ
Xにあげても日にちが出ますからそれだけでも大丈夫かもしれません

スクショしてアイコンにされても文句は言わない方がいいんですよね？
そのほうが得になると判断する人は多いです
そうだねぇ
とはいえ、ひどい切り取られ方をしていたら同一性保持権侵害とは言える
かな
そんなのヤダ……
あとはプロフィールに自分なりの規約を書いておくのも手です
ヤマサキミノリ
@YOCOJIWA
ニヤッとするイラストを描いています。
—アイコンにしないでください
—意図しない改変をしないでください
—商用利用しないでください
—使って他のものを作るのはやめてください
こんなふうに書いておくと抑止できると思いますよ
よし！プロフィールの欄に書いておこう！
自分のイラストをどう使われていいか使われたくないかは自分で決めていいんですね！
私は元気！
まとめ！
スクショされると難しいがどう使われたくないか自分できちんと示そう

自分が投稿したイラストを使っている人を見つけたら？

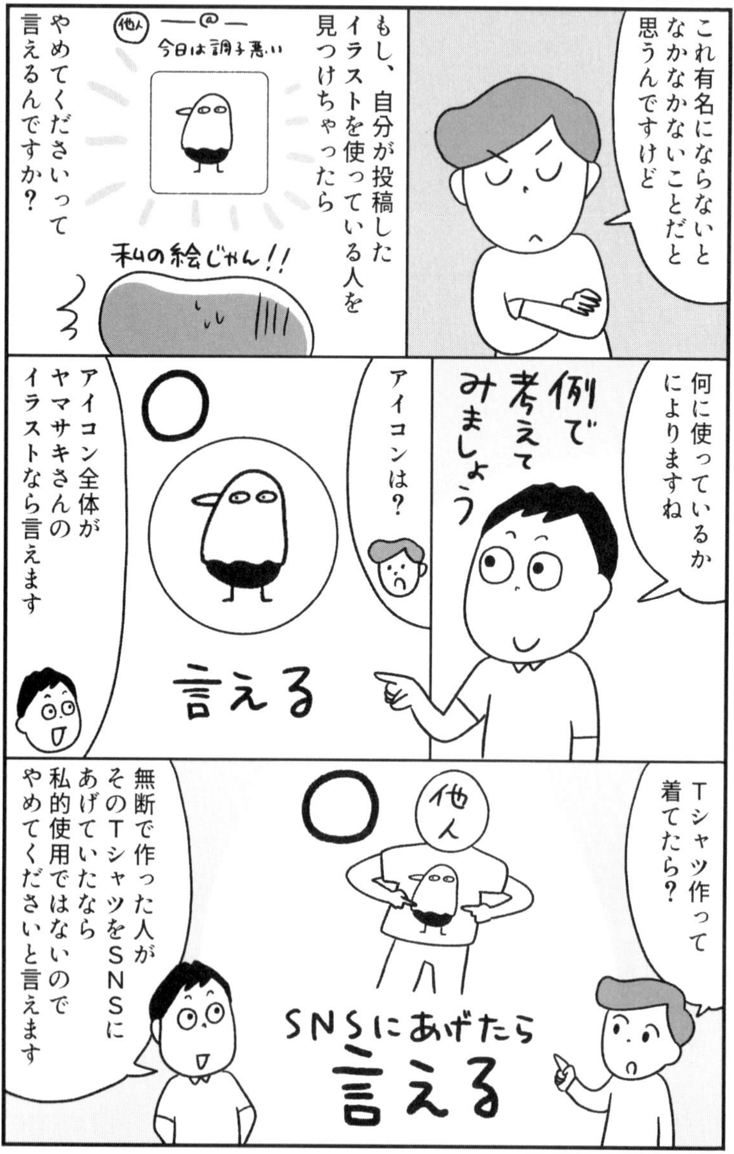

これ有名にならないとなかなかないことだと思うんですけど
もし、自分が投稿したイラストを使っている人を見つけちゃったら
他人
今日は調子悪い
私の絵じゃん!!
やめてくださいって言えるんですか？
何に使っているかによりますね
例で考えてみましょう
アイコンは？
言える
アイコン全体がヤマサキさんのイラストなら言えます
Tシャツ作って着てたら？
他人
SNSにあげたら
言える
無断で作った人がそのTシャツをSNSにあげていたなら私的使用ではないのでやめてくださいと言えます

じゃあ、何も作ってはいないけどあきらかに何作もトレースして自分の作品だと書いていたら？
○
これもSNSに投稿されているなら私的使用ではないですね著作権侵害なのでやめてくださいと言える
言える
販売していたら？
想像しただけでも許せないっ
○
シールとか
言える
これはあきらかに著作権侵害なのでやめてくださいと言える
大規模ならば損害賠償請求もできます
他人
安いよ〜
売ってるよ〜
やめてくださいってどこで言えばいいんですか？DMとかですか？
メモメモ
DMだと無視されてしまうことがあるかもしれませんよね
リポストなど、みんなの目につくところで言う方がやめてくれやすいと思います
まとめ！
スクショは使ってOKになりましたがトレースや営利目的なら著作権侵害が言える
時代やね…

依頼されたイラストって誰の権利？

先生
私、イラストレーターをやっているんですけど
圧よ……
知ってるし近い
依頼されて描いたイラストは誰の権利になるんでしょうか？
例えば出版社に依頼されて描いたこのイラスト
これはうっトリくんです
描いて下さーい
出版社
納品
誰の権利になるんでしょうか？
それは契約書に書いてあるでしょ？
読み返したらいいのでは？
け……契約書……
え？ないの？
おかしくない？
引

雑誌に小さいイラストを描くなんていう場合は契約書までは交わさないことがほとんどなんですよ～
やだ先生こわいなぁ～
ハハハ
基本です！
本来なら、契約書に「著作権者は誰になる」と書いてあるのでそれをチェックしておくことが基本です
えと……じゃあ契約書を交わしていない場合は？
とても聞きにくいぞ☆
ヤマサキさんの権利になりますね
ヤマサキさんの著作物なので
当然
よかった……
ホッ
じゃあ、例えば雑誌に描いたイラストを
4月号
5月号にものってる！
きいてない！
次の月にも同じように使われていたとしたらそれは「お金を払ってください」と言っていいんですか

そう聞いていなかったなら請求していいと思います
当然
その2
そうですよね！
でも言いづらいな……
お金の話って苦手…
ハア…
そうならないためにも！
契約書は必要なんです！
どうやってやればいいですか……
すみません
自分で契約書の雛形を用意してこれを結んでいただけますか
と送ってしまうのが安心だと思います
契約書
会社
一時の気まずさより大きな気まずさをなくしましょう！
あと面倒臭さも！
確かにっ
ううう
まとめ！
契約書を交わして著作権の所在を明確にしよう
大切〜
契約書

ここまでいろいろ勉強してきましたね
著作権
スクショ
引用
肖像権
あんなこともこんなことも……
他にもあるけど
もう、きっとヤマサキさんは大丈夫ですよ
わーい！
合格証
あなたは著作権についてよく考えました。オツカレ！
ビーノ先生
・・・
じ…
なに？うれしくないの？
THE心配性
でも先生……やっぱりまだ心配です
心配性だなぁ～
僕が言いたいことはひとつだけ
他になにかありませんか～
著作権は使われた方が幸せなんです

法律は楽しみを縛ろうとしているんじゃなくて守ろうとしています
束縛はしないよ！
法律
なので出したいものはじゃんじゃん出して何かあったらきちんと対応すれば大丈夫
スクショOK！
法律
令和だもんね〜！
現にスクショも楽しむためにOKにしたりしていますからね
怖いものじゃないってことですね
ホ。。。
あとは
人のものかどうかたくさん出しすぎていないか人の顔が写っていないか
これだけ気にしていれば大丈夫です
わかりました！先生〜あともうひと声！
え〜〜
まだぁ？
新しくできた規定を知っていくのも大事です
うーん
が、その時は僕が教えますよ
先生———！ありがとうございます!!

ここまで読んでいただいた皆さん、感謝の限りです！　楽しんでいただけたでしょうか。手にとっていただき、お金まで払ってくださっただけで十分嬉しいです。
そして、この本を読んだということはもう著作権や肖像権に迷うことはない！　と言えるように法律用語をできる限り使わず、皆さんが理解できるよう砕いた説明ができたと思います。

今回この本の出版に協力してくださったサンマーク出版の池田さん、蓮沼さん本当にありがとうございました！
そしてヤマサキさんには非常に難解な著作権を柔らかくそしてわかりやすく伝えるためのイラストをたくさん描いていただきました！
たくさんの方の協力でできあがったこの本が著作権初心者さんや玄人さんの手によって使われることを祈っています。

日比野大

ここまで読んでいただきありがとうございました!!
著作権のこともよく知らず
SNSもほぼ使わずに
イラストレーターしておりまして
よくやってこれたなぁと思います。
この本を作っていくうちに
SNSが全てではないけれど、
せっかくこの時代に生きているなら
気軽にSNSを楽しんじゃえば
いいんじゃないかと考えるようになりました。
この本がSNSを楽しむ材料になれば
とってもうれしいところです。
あと著作権については知ってて損はないです。
取材中に同じことを何回聞いても
しっかり分かりやすく説明して
くださったビーノ先生は
マンガどおりの親しみやすいエエ人です。

ヤマサキ ミノリ

ヤマサキミノリ
学生時代にデザイン、イラスト、建築を学び、ほぼ勢いで独立。
イラストを見た人に横ジワ(笑顔)を刻むべく、書籍や広告など幅広い媒体で活動中。
この本を機にSNSを活用し、そろそろ時代に合った活動をしたいと思っている。

日比野大(ひびの・まさる/弁護士ビーノ)
現在10年目の弁護士として活動中。弁護士としての活動 だけでなく、2020年から開始したYouTubeチャンネルは、わかりやすい借金や離婚などの解説で話題となり、3年間で登録者数7万7000人となる。2022年から開始したTikTokアカウントは、1年で4万人を突破。弁護士を身近にし、相談しやすいものとするべく365日活動をしている。専門分野は借金、離婚問題、著作権関係などSNS周りの法務、大麻(CBD)関連の法務で、顧問先も数十社以上に急拡大している。
登録弁護士会　山形県弁護士会、登録番号49302

略歴
2010年　中央大学法学部卒
2012年　中央大学法科大学院卒
　　　　司法試験合格　司法研修所66期
2013年　都内事務所勤務
2020年　弁護士法人mamori設立
　　　　YouTubeチャンネル開設(登録者数7万7千人)
2022年　TikTokアカウント開設(登録者数4万6千人)

仕事でSNSを使いたいけど
初心者の「やらかし」が怖いので
弁護士さんに気になること全部質問してみた

2024年1月15日　初版印刷
2024年1月25日　初版発行

著　者　ヤマサキミノリ
　　　　日比野大
発行人　黒川精一
発行所　株式会社サンマーク出版
　　　　〒169-0074 東京都新宿区北新宿2-21-1
　　　　代表　03-5348-7800
印刷・製本　株式会社暁印刷

© Minori Yamasaki, Masaru Hibino 2024　Printed in Japan
定価はカバー、帯に表示してあります。落丁、乱丁本はお取り替えいたします。
ISBN978-4-7631-4101-9 C0030
ホームページ　https://www.sunmark.co.jp